Sabine Lingenauber | Janina L. von Niebelschütz | Andrea Tures

Inklusive Weiterentwicklung frühpädagogischer Regeleinrichtungen

Sabine Lingenauber | Janina L. von Niebelschütz | Andrea Tures

Inklusive Weiterentwicklung frühpädagogischer Regeleinrichtungen

Inklusive Kulturen, Strategien und Praxis entwickeln

projektverlag.

Bibliografische Information der Deutschen Nationalbibliothek

Die Deutsche Nationalbibliothek verzeichnet diese Publikation in der Deutschen Nationalbibliografie; detaillierte bibliografische Daten sind im Internet über http://dnb.d-nb.de abrufbar.

Prof. Dr. Sabine Lingenauber ist Professorin an der Hochschule Fulda, Leiterin des B.A.- Studiengangs „Frühkindliche inklusive Bildung" (BiB) sowie Leiterin der Projekte „Inklusive Weiterentwicklung frühpädagogischer Regeleinrichtungen" und „Rekonstruktion der Geschichte der Frauen des Reggio Emilia Approachs (1943–1973)".

Janina L. von Niebelschütz ist Doktorandin am Fachbereich Sozialwesen der Hochschule Fulda und war wissenschaftliche Mitarbeiterin in den oben genannten Projekten.

Dr. Andrea Tures ist Akademische Rätin und war Projektverantwortliche an der Justus-Liebig-Universität Gießen, Abteilung Pädagogik der Kindheit.

ISBN 978-3-89733-510-3

www.projektverlag.de

Inhaltsverzeichnis

Einleitung

Die Leitidee der frühpädagogischen Inklusion verfolgt das Ziel, dass alle Kinder am Bildungsalltag einer Kindertageseinrichtung teilhaben können. Die Vielfalt, die dadurch entsteht, stellt aus inklusiver Perspektive eine wichtige Ressource für kindliches Lernen dar. Somit wird ein frühpädagogisches Lernsetting angestrebt, in dem Kinder unterschiedlicher sozialer Herkunft, mit vielfältigen Fähigkeiten, verschiedenen Geschlechtsorientierungen und unterschiedlichen kulturellen Hintergründen gemeinsam lernen.

Diese inklusiven Leitgedanken erfordern, dass sich frühpädagogische Regeleinrichtungen in Deutschland weiterentwickeln und ihre pädagogische Arbeit inklusiv ausrichten. Hierbei geht es nicht nur darum, pädagogische Konzepte für behinderte Kinder zu entwickeln. Vielmehr muss die bisherige Arbeit grundlegend durchleuchtet und hinterfragt werden, damit die zukünftige Arbeit inklusiv(er) ausgerichtet werden kann. Vor dieser Aufgabe stehen im Prinzip alle Kindertageseinrichtungen, da Inklusion bereits seit 2009 für alle deutschen Bildungsinstitutionen zur Anforderung geworden ist.

Für den Prozess der inklusiven Weiterentwicklung von frühpädagogischen Regeleinrichtungen haben wir ein Qualifizierungskonzept entwickelt, das Teams, Eltern und Trägervertreter*innen dabei unterstützen soll, ihre Haltung, die Rahmenbedingungen und ihre tagtägliche Arbeit inklusiv auszurichten. Wir möchten damit dem Veränderungsprozess eine Richtung geben und den Leser*innen konkrete Werkzeuge und Anregungen an die Hand geben. Denn ein solcher Wandel zu einer inklusiven Arbeitsweise verlangt zielgerichtete, planvolle und umfassende Aktivitäten von Seiten aller Beteiligten.

Und dieser Wandel braucht Zeit, Motivation und Lust am Ausprobieren. Wir wünschen allen Einrichtungen, die sich auf den Weg zu einer inklusiven pädagogischen Arbeitsweise aufmachen, viel Freude und Durchhaltevermögen.

1. Basiswissen

1.1 Leitgedanke: Inklusion als Inhalt und Didaktik

Das Thema „Inklusion" ist derzeit in der Kindheitspädagogik in aller Munde. Allerdings gibt es nur sehr vereinzelt Konzepte, die Teams aus Kindertageseinrichtungen dabei unterstützen, sich aus inklusiver Perspektive weiterzuentwickeln. Genau hier setzen wir mit unserem Qualifizierungskonzept „Inklusive Weiterentwicklung frühpädagogischer Regeleinrichtungen" an. Es wurde von November 2014 bis Juni 2017 in zwei Kindertageseinrichtungen in Niedersachsen und Nordrhein-Westfalen erprobt. Der Aspekt der Inklusion ist für uns in zweierlei Hinsicht wichtig: Inklusion ist der Inhalt unseres Weiterbildungskonzepts, und gleichzeitig ist auch die von uns entwickelte Didaktik inklusiv.

Somit stand bei der Entwicklung des Qualifizierungskonzepts zum einen die Auswahl und Zusammenstellung inklusiver Themen im Vordergrund. Hiermit verbunden war die Frage, mit welchen Inhalten sich Kindertageseinrichtungen auseinandersetzen müssen, um sich aus inklusiver Perspektive weiter zu qualifizieren. Zentral war zum anderen der Aspekt der inklusiven Didaktik der Qualifizierung. Dies ist mit der Frage verbunden, wie sich Kindertageseinrichtungen mit Inklusion auseinandersetzen müssen, um ihre frühpädagogische Arbeit inklusiv(er) auszurichten. Hierbei wurden die Erfahrungen der Autorinnen im berufsbegleitenden B.A.-Studiengang „Frühkindliche inklusive Bildung" (BiB) an der Hochschule Fulda herangezogen und für die Fort- und Weiterbildung weiterentwickelt.

Im Folgenden beschreiben wir deshalb unser Qualifizierungskonzept in Bezug auf seine Inhalte und seinen Aufbau. Dann stellen wir Ihnen genauer vor, was wir unter inklusiver Didaktik verstehen. Abschließend geben wir einen Einblick in die Rückmeldungen, die wir während der Erprobungsphase von den Teilnehmenden erhalten haben. Im Praxisteil stellen wir dann das didaktische Konzept mit seinen Inhalten und Methoden sowie unsere Erfahrungen aus der Zusammenarbeit mit der Fachpraxis vor.

1.2 Das Qualifizierungskonzept – Inhalte und Aufbau

Das Qualifizierungskonzept orientiert sich inhaltlich an den drei Dimensionen des Index für Inklusion (vgl. Booth u. a. 2006, S. 20; GEW 2015, S. 24 f.) und verfolgt die Zielsetzung,

- inklusive Kulturen zu entfalten,
- inklusive Strategien zu etablieren und
- inklusive Praxis zu entwickeln.

Diese Ebenen und ihre Relevanz für das Thema Inklusion wollen wir Ihnen kurz vorstellen:

> *„Der Index für Inklusion: Gemeinsam leben, spielen und lernen. Partizipation in der inklusiven Kindertageseinrichtung entwickeln" ist eine Orientierungshilfe und Handreichung für den Entwicklungsprozess zu einer inklusiven Einrichtung. Er unterstützt den Prozess der Inklusion in Tageseinrichtungen für Kinder und richtet sich an alle Beteiligten. Die Ziele sind, Barrieren abzubauen, Möglichkeitsräume zu schaffen und Vielfalt zu stärken" (GEW 2015, S. 7).*

In der Struktur des Index für Inklusion bildet die Ebene der *inklusiven Kulturen* die Grundlage für die inklusive Weiterentwicklung von Kindertageseinrichtungen, da die Werte und Haltungen von pädagogischen Fachkräften sich nachhaltig auf das Handeln im Rahmen der frühpädagogischen Arbeit mit Kindern und ihren Familien auswirken (vgl. GEW 2015, S. 46). Laut Index werden zwei Ziele ins Zentrum gestellt:

- Gemeinschaft bilden und
- inklusive Werte verankern.

Betont wird deshalb die Wichtigkeit, inklusive Werte im Team von Kindertageseinrichtungen gemeinsam zu entwickeln. Gerade das Gefühl von Gemeinschaft bildet eine entscheidende Grundlage für die Verankerung von Inklusion. Ulrich Heimlich betont aus einer inklusiven Perspektive heraus, dass

> *„Kompetenz stets auch eine berufsethische Reflexion im Sinne einer Haltung bezogen auf die Aufgabe der selbstbestimmten Teilhabe aller Kinder – auch von Kindern mit Behinderung [umfasst]" (Heimlich 2013, S. 47).*

Die für die Qualifizierung entwickelten Methoden setzen an der Sensibilisierung für Vielfalt an. Gleichzeitig bewirken sie die Auseinandersetzung mit den eigenen Normalitätserwartungen und Vorstellungen bei den Teilnehmenden.

Mit dem Etablieren *inklusiver Strategien* sind in Bezug auf den Index für Inklusion (vgl. GEW 2015, S. 47) die beiden folgenden Ziele verbunden, die auch im vorliegenden Qualifizierungskonzept aufgegriffen werden:

- Eine Einrichtung für alle entwickeln und
- Vielfalt als Ressource nutzen.

Auf der zweiten Ebene im Qualifizierungsprozess werden deshalb systematisch die Partizipationschancen von Kindern am pädagogischen Alltag der Kindertageseinrichtung in den Blick genommen. So ist inklusive Frühpädagogik in der Grundidee des gemeinsamen Lernens von Kindern mit vielfältigen Fähigkeiten und Ausgangslagen verankert. Sie stellt gerade die soziale Zugehörigkeit und Partizipation von Kindern in das Zentrum inklusiver Bildungskonzeptionen (vgl. Prengel 2014). Diese Säule des Qualifizierungsansatzes setzt sich somit mit den Partizipationschancen von Kindern innerhalb des Gruppenalltags auseinander. Videobeispiele gelungener Inklusion in einer Kindertageseinrichtung (vgl. Lingenauber/von Niebelschütz 2015) sowie konkrete Wahrnehmungs- und Reflexionsübungen kommen in dieser Säule zum Tragen.

Die beiden Grundprinzipien der dritten Säule *inklusive Praxis* des Index für Inklusion (vgl. GEW 2015, S. 48) lauten:

- Potenziale nutzen und
- Umsetzung gestalten.

Deshalb setzt die Qualifizierung in Bezug auf die (Weiter-)Entwicklung inklusiver Praxis an folgender Erkenntnis an: Die Realisierung einer inklusiven Frühpädagogik erfordert die Verankerung von Inklusion als Querschnittsthema für alle frühpädagogischen Inhalte und Themen. Das Qualifizierungskonzept arbeitet auf dieser Ebene deshalb erneut mit videografisch festgehaltenen Alltagsszenen aus der inklusiven frühpädagogischen Praxis (vgl. Lingenauber/von Niebelschütz 2015). Eine Weiterentwicklung der Praxis, die mit einer inklusiven Blickrichtung einhergeht, erfordert die Auseinandersetzung mit „integrativen Prozessen" (vgl. Klein u. a. 1987). Der Film macht vielfältige Erscheinungsweisen integrativer Prozesse zwischen Kindern und Pädagog*innen sichtbar.

Tipp

Kindertageseinrichtungen, die sich nach unserem Qualifizierungskonzept weiterbilden, können den Index für Inklusion verwenden, um die Themen zu vertiefen, die für ihre Arbeit wichtig sind. Der Index für Inklusion kann bei der Gewerkschaft für Erziehung und Wissenschaft unter https://gew-shop.de/ bestellt werden.

Der Index stellt für jede Säule Fragen zu unterschiedlichen Aspekten bereit. Während der jeweiligen Erkundungsphase können Sie sich für jede Säule die Themen aussuchen, die Sie für Ihre Einrichtung besonders wichtig finden. Nehmen Sie dazu den Index zur Hand und schauen sich als Team gemeinsam die unterschiedlichen Aspekte an und treffen dann eine Auswahl.

Auf Basis dieser drei inhaltlichen Säulen haben wir eine längerfristige Weiterbildung für Kindertageseinrichtungen entwickelt, die vier Qualifizierungstage und drei Erkundungsphasen umfasst. Die Qualifizierungstage finden in den Räumen der Kindertageseinrichtung statt. Die Verzahnung von Theorie und Praxis – gekoppelt an Aufgaben, die in der Praxis erprobt und an Qualifizierungstagen gemeinsam reflektiert werden – steht im Zentrum dieses Konzepts.

Der erste Qualifizierungstag stellt den Auftakt und Startpunkt der Weiterbildung dar. Zwischen den Qualifizierungstagen liegt jeweils eine Erkundungsphase von sechs Monaten, deren Nachbereitung auf dem darauffolgenden Qualifizierungstag erfolgt. Am vierten Qualifizierungstag beschäftigen wir uns mit dem Status quo in der Einrichtung und mit einem Ausblick in die Zukunft der Kindertageseinrichtung. Dabei entwickeln wir gemeinsam mit allen Teilnehmenden ihre Ziele für die Weiterführung der inklusiven Arbeit.

Tipp

Warum nehmen Kindertageseinrichtungen an dieser Fortbildung teil?

Wir haben die Motivation für und die Erwartungen an die Teilnahme bei allen Beteiligten abgefragt. Auch wollten wir wissen, wie wichtig den Teilnehmenden das Thema Inklusion ist. Dazu haben wir einen kurzen Fragebogen verteilt, den die Teilnehmenden ohne Angabe ihres Namens ausgefüllt haben.

Eine solche Abfrage ist hilfreich, um sich auf die Teilnehmer*innen bereits im Vorfeld einstellen zu können. Dadurch erhalten die Weiterbildner*innen vorab bereits auch Einblicke, welche Themen in der Kita besonders wichtig sind. So können in einer Einrichtung Angst und Unsicherheit bezüglich des Themas Inklusion herrschen, z. B. weil Mitarbeiter*innen fürchten, nicht ausreichend qualifiziert zu sein und ihren Job zu verlieren. Oder es besteht eine allgemeine Unsicherheit und Angst vor zu großen Veränderungen, die durch die inklusive Weiterentwicklung hervorgerufen werden.

In unseren Projektkindertageseinrichtungen standen folgende Motivationen im Vordergrund:

- Vorbereitung auf die zukünftige inklusive Arbeit
- eigene berufliche Weiterentwicklung
- neues Fachwissen sowie Fähigkeiten und Kenntnisse für die pädagogische Arbeit
- Haltungswandel anstoßen: Exklusion gezielt entgegenwirken, Unterschiedlichkeiten akzeptieren und wertschätzen, Vielfalt und Behinderung als Normalität sehen

Ablauf der Qualifizierung
Säule 1 **Inklusive Kulturen entfalten**
Qualifizierungstag 1
Erkundungsphase von ca. 6 Monaten
Säule 2 **Inklusive Strategien etablieren**
Qualifizierungstag 2
Erkundungsphase von ca. 6 Monaten
Säule 3 **Inklusive Praxis entwickeln**
Qualifizierungstag 3
Erkundungsphase von ca. 6 Monaten
Abschluss **Inklusive Zukunft gestalten**
Qualifizierungstag 4

1.3 Inklusive Didaktik

In diesem Kapitel führen wir in unser Verständnis einer inklusiven Didaktik ein, das diesem Buch zu Grunde liegt.

Unter Didaktik wird in der Frühpädagogik Unterschiedliches verstanden (vgl. Schelle 2011, S. 10). Anders ausgedrückt, gibt es nicht *die* frühpädagogische Didaktik (vgl. König 2010, S. 49; Kucharz/Reichmann 2012, S. 17; Schelle 2011, S. 12). Didaktik beschreibt Einflussfaktoren des Lernens und Lehrens (vgl. Kucharz/Reichmann 2012, S. 8).

Carla Rinaldi betont, dass Lernen nicht durch Weitergabe oder Reproduktion stattfindet, sondern ein konstruktiver Prozess ist, in dem jedes Individuum für sich Bedeutungen konstruiert (vgl. Rinaldi 2006, S. 125).

> *„Der Lernprozess ist sicherlich individuell, aber weil die Begründungen, Erklärungen, Interpretationen und Bedeutungen von anderen unverzichtbar für unsere Wissenserweiterung sind, ist es auch ein Prozess der Beziehungen – ein Prozess sozialer Konstruktion. Daher betrachten wir Wissen als einen konstruktiven Prozess von Individuen in Beziehung mit anderen (...)"*
>
> (ebd., Übersetzung der Verfasserinnen)

Didaktik als Teilgebiet der Pädagogik beschäftigt sich mit praktischen und theoretischen Fragen organisierter Lernprozesse (vgl. Neuß 2013, S. 12). Norbert Neuß wirft die Frage auf, wie Didaktik „Möglichkeitsräume" für das Lernen eröffnet, einschränkt oder verhindert (vgl. ebd.). Im Kontext der vorliegenden Publikation ist die folgende Frage leitend: Wie kann eine inklusive Didaktik in der Weiterbildung umgesetzt werden?

Unserer Didaktik liegt ein Inklusionsverständnis zu Grunde, das untrennbar mit Partizipation verbunden ist. Dieses Verständnis von Partizipation lehnt sich an den Reggio-Emilia-Ansatz an, in dem Partizipation als Recht der Mitarbeiter*innen, Eltern und Kinder einer Kindertageseinrichtung anerkannt wird (vgl. Lingenauber 2013, S. 59 ff.; 2018, S. 537 f.). Unsere inklusive Didaktik basiert auf:

- Teilhabe in Interaktion und Kooperation (vgl. Kron 2013, S. 190 f.),
- Innerer Differenzierung (vgl. Feuser 2013, S. 56),
- Lernen am Gemeinsamen Gegenstand (vgl. a. a. O., S. 52),

- unterschiedlichen Zugangsweisen und Ergebnissen der Lernenden (vgl. Reich 2014, S. 371),
- individuellem Lernen (vgl. Prengel 2014, S. 33),
- Perspektivenvielfalt (vgl. Reich 2014, S. 211),
- Lernenden als Lehrenden (vgl. a. a. O., S. 371),
- Sensibilisierung für Heterogenität (vgl. Seitz 2009, S. 5) und
- Partizipation als Wert (vgl. Rinaldi 2011a, S. 42).

Wir orientieren uns damit an den Ergebnissen der frühpädagogischen Integrationsforschung (vgl. Kron 2013):

> *„Die Gemeinsamkeit aller Kinder existiert nicht in einem bloßen Nebeneinander der Kinder, sondern realisiert sich in Partizipationsmöglichkeiten für alle" (Kron 2013, S. 190).*

Die Auseinandersetzung mit „integrativen Prozessen" im Rahmen der Qualifizierung bezieht sich zum einen auf die Arbeit mit Kindern (vgl. Klein u. a. 1987). Zum andern stellen wir als Weiterbildnerinnen auch Verbindungen zur Didaktik an den Qualifizierungstagen her. In Anlehnung an Kron gestalten wir den Lernraum so,

> *„dass die Gruppenorganisation Annäherungen, Abgrenzungen und Einigungen (...) möglich macht" (Kron 2013, S. 192).*

Wir unterstützen die Teilnehmer*innen auf diese Weise aktiv dabei, ein Verständnis von menschlicher Verschiedenheit zu entwickeln und Einigungen zu erzielen (vgl. ebd.). Hierzu haben wir didaktische Strategien entwickelt, die wir mit dem Leitgedanken des Reggio-Emilia-Ansatzes verbinden. Wir gehen davon aus, dass Erwachsene und Kinder Forschende sind, die beim Lernen oft vergleichbare Strategien entwickeln (vgl. Rinaldi 2011b, S. 341).

> *„In der inklusiven Didaktik können und sollten insbesondere Portfolios (...) helfen, die Vielfalt der Lernergebnisse für die Lernenden individuell zu sammeln und in ihrer Unterschiedlichkeit dauerhaft darzustellen. (...) Um das Lernen aus einer isolierten und individualisierten Wahrnehmung zu befreien, sollten möglichst viele Ergebnisse aller Lernenden stets auch öffentlich (...) präsentiert und gewürdigt werden. (...) Vielfalt bedeutet aber auch, dass nicht nur kognitives Wissen dargestellt wird, sondern die Viel-*

falt der Perspektiven und Zugänge in den Ergebnissen selbst abgelesen werden kann. Wichtig ist es daher, dass bereits die Aufgabenstellungen zu Vielfalt anregen und Raum für individuelle Vorgehensweisen lassen" (Reich 2014, S. 211).

Die Zielsetzung des Qualifizierungskonzepts ist es, dass sich ganze Teams aus Kindertageseinrichtungen gemeinsam mit Elternvertreter*innen und Trägervertreter*innen mit inklusiven Fragestellungen beschäftigen. Aus diesem Grund nehmen nicht nur die pädagogischen Fachkräfte an den Qualifizierungstagen teil, sondern alle Mitarbeiter*innen der Kindertageseinrichtung.

Warum ist uns das wichtig? Damit alle den Wert von Unterschieden erleben. Das Recht auf Partizipation wird nicht nur Kindern gewährt, sondern allen am gemeinschaftlichen Bildungsprozess beteiligten Akteur*innen (Lingenauber 2018, S. 69 f.). Durch diese Anlage von Qualifizierungsprozessen entstehen neue vielfältige Konstellationen des Lernens: Eine Pädagogin erhält beispielsweise durch den systematisch hergestellten Austausch mit dem Koch eine neue Perspektive auf die Zusammenarbeit mit den Kindern. Die Erfahrungen aus dem Projekt zeigen, dass das Erleben von Wertschätzung der eigenen Kompetenzen innerhalb einer vielfältig zusammengesetzten Gruppe dazu befähigt, Inklusion auch in Kindergruppen zu realisieren.

In Bezug auf die Entwicklung inklusiver Kompetenzen geht es uns gerade darum, systematisch die individuellen Stärken jeder/s Einzelnen wahrzunehmen und diese wertschätzend in den Qualifizierungsprozess aufzunehmen. Das bedeutet jedoch nicht, dass sämtliche Mitarbeiter*innen die gleichen Kompetenzen entwickeln. Denn jede*r entwickelt aufgrund der eigenen Ausgangslage neue Kompetenzen.

1.4 Erwartungen und Rückmeldungen der Teilnehmenden

Von den Teilnehmenden haben wir im Laufe des Projekts Rückmeldungen zu unserer Arbeitsweise erhalten, die für die Arbeit mit unserem Qualifizierungskonzept wichtige Hinweise geben. Sie siedeln sich auf folgenden Ebenen an:

- didaktische Vorgehensweise,
- fachliche Unterstützung,
- ressourcenorientierte Haltung.

Der Aspekt des „Zeit-Habens“ ist für die Teilnehmenden besonders wichtig und wird auf vielfältige Weise positiv bewertet. Dies umfasst, genügend Zeit für die einzelnen Arbeitsschritte und für die Bearbeitung der gestellten Aufgaben zu haben, aber auch genügend Zeit zum Austausch, Pausen als ausreichend und lange genug zu erleben, den Tag in seiner Gesamtheit als entzerrt wahrzunehmen und ein Gefühl zu entwickeln, dass die gestellten Aufgaben gut bewältigt werden können. Ergänzt wird dieser Aspekt um die positive Bewertung der Arbeitsaufträge und Abläufe, die als klarformuliert und gut nachvollziehbar wahrgenommen werden.

Auch die Vielfalt an Arbeitsformen während des Qualifizierungstags (Kurzinputs mit anschließenden Aktivierungsphasen, Reflexionsaufgaben, Diskussionen, fachliche Hinweise) wird als eine Arbeitsweise bewertet, die unbedingt beibehalten werden soll. Diese Vielfalt führt nach Auffassung der Teilnehmenden dazu, dass der Tag als kurzweilig empfunden wird und Befürchtungen im Vorfeld vor einem zu theorielastigen, langen Tag nicht bestätigt werden.

> Ein wichtiger Bestandteil unseres Konzepts ist es, während des Qualifizierungsprozesses Rückmeldungen bei den Teilnehmer*innen einzuholen. Die *Methode* des schriftlichen Blitzlichts kann deshalb an allen vier Qualifizierungstagen zur abschließenden Reflexion eingesetzt werden. Diese Methode sieht folgendermaßen aus: Die Teilnehmenden erhalten je eine Karteikarte und haben die Aufgabe, auf die eine Seite zu schreiben, was unbedingt für den nächsten Qualifizierungstag beibehalten werden sollte. Auf der anderen Seite soll notiert werden, was verändert oder abgeschafft werden sollte. Die Teilnehmenden halten zudem auf der Karte fest, zu welcher Gruppe sie gehören (z. B. pädagogische Kraft, Eltern etc.). Die Kartenabfrage ermöglicht allen Teilnehmenden, gleichzeitig in anonymer und somit geschützter Form eine Rückmeldung zu geben und sich dabei auf das Wesentliche zu konzentrieren. Damit gehen keine Beiträge verloren. Vielredner *innen und extrovertierte Teilnehmer*innen dominieren weniger als sonst. Als Qualifizierende erhalten wir dadurch systematische Einblicke in die Wahrnehmung aller Teilnehmenden.

Der Austausch in unterschiedlichen Konstellationen wird von den Teilnehmenden mehrfach als ein zentraler Aspekt angegeben, der unbedingt beibehalten werden soll. Die unterschiedlichen Hintergründe der Teilnehmenden werden dabei als sehr anregend herausgestellt. Für pädagogische Fachkräfte war es spannend, mit dem Koch, der Trägervertreterin oder einem Vater ins Gespräch zu kommen, da dadurch ganz andere Perspektiven auf den pädagogischen Alltag eröffnet wurden.

Mit Blick auf die Rückmeldungen wird aber auch deutlich, dass eine fachliche Unterstützung zum Thema Inklusion stark erwünscht ist. Hierzu zählen die Fähigkeit, Fachwissen zum Themenkomplex Inklusion verständlich aufzubereiten, Informationen bereitzustellen und auf Fachfragen Erklärungen geben zu können. Weiterbildner*innen, die nach unserem Konzept arbeiten, sollten also inklusionserfahren sein. Die Teilnehmenden wünschen sich konkrete Fallbeispiele, Videomaterial von anerkannter inklusiver Praxis und konkrete Umsetzungsbeispiele. Sie empfinden dies als besonders hilfreich für die eigene Arbeit. Diese ermöglichen es den Teilnehmenden, sich selbst ein eigenes Bild von gelungener Inklusion zu machen und den Blick auf die Gelingensbedingungen inklusiver Prozesse zu richten. Unser Konzept stellt genau solche Einblicke bereit.

Rückmeldungen nach dem ersten Qualifizierungstag:

> *„Ich bin gespannt auf die Reise, die da vor uns liegt. Ich habe neue Methoden der Reflexion kennengelernt, die uns im Team sehr weiterhelfen werden.“*

> *„Ich bin sonst in der Küche. Erst habe ich mich gefragt, warum ich teilnehmen soll. Jetzt bin ich froh, dass ich mal die Möglichkeit hatte, mich mit den Kolleginnen auszutauschen und habe viele neue Eindrücke gesammelt. Ich freue mich auf die Erkundungsphase!“*

In den Rückmeldungen ist drittens eine positive Bewertung der didaktischen Haltung der Weiterbildner*innen zu finden. Besonders positiv wird von den Teilnehmenden die konsequente Lenkung des Blicks auf die eigenen, bereits bestehenden Fähigkeiten durch die Qualifizierenden hervorgehoben. Die damit verbundene Ressourcenstärkung der Teams einer Kindertageseinrichtung hat zu einem Abbau der Ängste in Bezug auf Inklusion geführt. Das Bewusstmachen der eigenen Kompetenzen wird als guter Nährboden für den Qualifizierungsprozess beschrieben.

Deutlich wird, dass das Umgehen mit Ungewissheit, welches eine Schlüsselkompetenz für Inklusion darstellt, für viele pädagogische Fachkräfte nicht selbstverständlich ist. So führt eine offene didaktische Arbeitsweise wie unsere, die an den eigenen Vorstellungen der Teilnehmenden ansetzt, zu Irritation und Neugierde. Bei der Planung ist deshalb wichtig, darauf vorbereitet zu sein, dass die Teilnehmenden diese didaktische Gestaltung als ungewohnt empfinden und trotz Fort- und Weiterbildungserfahrung nicht mit ihr vertraut sind.

1.5 Literatur

Booth, Tony/Ainscow, Mel/Kingston, Denise: (2006): Index für Inklusion (Tageseinrichtungen für Kinder). Lernen, Partizipation und Spiel in der inklusiven Kindertageseinrichtung entwickeln. Hrsg.: Berlin: GEW

Feuser, Georg (2013): Allgemeine (integrative) Pädagogik. In: Lingenauber, Sabine (Hrsg.): Handlexikon der Integrationspädagogik. Kindertageseinrichtungen. Bochum/Freiburg (2. überarbeitete Auflage): projektverlag, S. 18–24

Gewerkschaft Erziehung und Wissenschaft (GEW) (Hrsg.) (2015): Index für Inklusion in Kindertageseinrichtungen. Gemeinsam leben, spielen und lernen. Frankfurt am Main: GEW

Heimlich, Ulrich (2013): Kinder mit Behinderung – Anforderungen an eine inklusive Frühpädagogik. Eine Expertise der Weiterbildungsinitiative Frühpädagogische Fachkräfte (WiFF). München: Deutsches Jugendinstitut e. V.

Klein, Gabriele/Kreie, Gisela/Kron, Maria/Reiser, Helmut (1987): Integrative Prozesse in Kindergartengruppen. Über die gemeinsame Erziehung von behinderten und nichtbehinderten Kindern. Weinheim/München: Deutsches Jugendinstitut. URL: http://bidok.uibk.ac.at/library/klein-prozesse.html, abgerufen am 08.07.2021

König, Anke (2010): Interaktion als didaktisches Prinzip: Bildungsprozesse bewusst begleiten und gestalten. Troisdorf: Bildungsverlag EINS

Kron, Maria (2013): Integration als Einigung – Integrative Prozesse und ihre Gefährdungen auf Gruppenebene. In: Ytterhus, Borgunn/Kreuzer, Max

(Hrsg.): „Dabeisein ist nicht alles“ – Inklusion und Zusammenleben im Kindergarten. München (3. Auflage): Reinhardt, S. 190–200

Kucharz, Diemut/Reichmann, Elke (2012): Grundlagen einer Elementardidaktik. In: Kucharz, Diemut (Hrsg.): Elementarbildung. Weinheim/Basel: Beltz, S. 7–20

Lingenauber, Sabine (2018): Der Reggio Emilia Approach: Partizipation in Geschichte und Gegenwart. In: Barz, Heiner (Hrsg.): Handbuch Reformpädagogik und Bildungsreform. Heidelberg: Springer VS, S. 535–541

Lingenauber, Sabine (2013): Einführung in die Reggio-Pädagogik. Kinder, Erzieherinnen und Eltern als konstitutives Sozialaggregat. Bochum/Freiburg (6. Auflage): projektverlag

Lingenauber, Sabine/Niebelschütz, Janina L. von (2015): Inklusion im Kindergarten. Einblicke in ein erfolgreiches Konzept (DVD). Weimar: verlag das netz.

Neuß, Norbert (2013): Was ist Elementardidaktik? – Grundlegendes zum Lernen und seiner Organisation in Kitas. In: Neuß, Norbert (Hrsg.): Grundwissen Didaktik für Krippe und Kindergarten. Berlin: Cornelsen Scriptor, S. 12–30

Prengel, Annedore (2014): Inklusion in der Frühpädagogik. Bildungstheoretische, empirische und pädagogische Grundlagen. Eine Expertise der Weiterbildungsinitiative Frühpädagogische Fachkräfte (WiFF). München (2., überarbeitete Auflage): Deutsches Jugendinstitut e. V.

Reich, Kersten (2014): Inklusive Didaktik. Bausteine für eine inklusive Schule. Weinheim/Basel: Beltz

Rinaldi, Carla (2011a): Infant-toddler Centers and Preschools as Places of Culture. In: Reggio Children (Hrsg.): Making Learning Visible: Children as Individual and Group Learners. Reggio Emilia (5. Auflage): Reggio Children, S. 38–46

Rinaldi, Carla (2011b): Dialogues. In: Reggio Children (Hrsg.): Making Learning Visible. Children as Individual and Group Learners. Reggio Emilia (5. Auflage): Reggio Children, S. 341–343

Rinaldi, Carla (2006): In Dialogue with Reggio Emilia. Listening, researching and learning. Oxon/New York: Routledge

Schelle, Regine (2011): Die Bedeutung der Fachkraft im frühkindlichen Bildungsprozess. Didaktik im Elementarbereich. Eine Expertise der Weiterbildungsinitiative Frühpädagogische Fachkräfte (WiFF). München: Deutsches Jugendinstitut e. V.

Seitz, Simone (2021): Mittendrin verschieden sein – inklusive Pädagogik in Kindertageseinrichtungen. Studienbrief der Hochschule Fulda. Fulda (2. Auflage). Hochschule Fulda (im Erscheinen)

2. Praxiskonzept

In diesem Kapitel stellen wir die praktische Gestaltung der zweijährigen Qualifizierung vor. Wie in Kapitel 1 beschrieben, beinhaltet jeder der vier Qualifizierungstage einen thematischen Fokus, der in den folgenden vier Unterkapiteln aufgegriffen wird:

1. Inklusive Kulturen entfalten,
2. Inklusive Strategien etablieren,
3. Inklusive Praxis entwickeln und
4. Inklusive Zukunft gestalten.

Bezogen auf jedes dieser Themen unterstützt das Qualifizierungskonzept die Kompetenzentwicklung der Teilnehmer*innen durch:

1. ausgewählte Impulse aus der Theorie,
2. anregende Beispiele aus der Praxis,
3. Erkundungsphasen in der eigenen Praxis und
4. kontinuierliche Reflexion.

Das konzeptionelle Zusammenspiel dieser vier Aspekte verdeutlichen wir in den jeweiligen Unterkapiteln. Die Nachbereitung der jeweiligen Erkundungsphase beschreiben wir in dem Kapitel, in dem die thematischen Einheiten und die Erkundungsphase vorgestellt werden, auch wenn sie auf dem nächsten Qualifizierungstag erfolgt.

2.1 Inklusive Kulturen entfalten

Der erste Qualifizierungstag fokussiert die Entfaltung inklusiver Kulturen. In diesem Kapitel stellen wir drei von uns entwickelte inklusive didaktische Strategien vor, die Kindertageseinrichtungen dabei unterstützen, inklusive Kulturen zu entfalten.

2.1.1 Einleitung

Am besten entfalten sich inklusive Kulturen in vielfältig zusammengesetzten Lerngemeinschaften. Ana del Barrio Saiz arbeitet als Weiterbildnerin in den Niederlanden mit Teams in Kindertageseinrichtungen nach dem Ansatz der „kritischen Lerngemeinschaften" (del Barrio Saiz 2012; 2013).

Dabei bilden zwei „kritische Freund*innen" eine Lernpartnerschaft. Ihr gemeinsames Lernen ist geprägt durch

- Wertschätzung,
- Meinungsverschiedenheiten,
- kritische Fragen und
- Zusammenarbeit an einer Dokumentation (vgl. del Barrio Saiz 2013, S. 15, Übersetzung der Verfasserinnen).

Sabine Lingenauber und Janina von Niebelschütz haben diesen Ansatz für die Hochschullehre weiterentwickelt und setzen die inklusive didaktische Strategie der „kritischen Lernpartnerschaft" auch in der Qualifizierung ein.

2.1.2 Die kritische Lernpartnerschaft

Es geht bei diesem Austausch nicht nur darum, eine Perspektive durch eine andere Perspektive zu ergänzen. Vielmehr ist es das Ziel, die eigene Perspektive durch den Dialog *weiterzuentwickeln* und gegebenenfalls zu *verändern* (vgl. Rinaldi 2006, S. 184). Den Erkenntnisgewinn aus diesem 2er-Austausch dokumentieren die Teilnehmer*innen (siehe Kapitel 2.1.3).

> *„Die Aufgabe derjenigen, die erziehen und bilden, ist, nicht nur das Ausdrücken von Unterschieden zu erlauben, sondern zu ermöglichen, dass diese [Unterschiede] durch den Austausch und den Vergleich von Ideen verhandelt und gepflegt werden" (ebd.).*

Unsere Erfahrungen zeigen, dass die vielfältige Zusammensetzung der Gruppe (Pädagog*innen, Eltern und nichtpädagogische Mitarbeiter*innen) für den Dialog in den 2er-Lernpartnerschaften eine wertvolle Ressource bietet.

Die Vielfalt der Teilnehmer*innen bezieht sich auch auf

- das Alter,
- die personalen Kompetenzen,
- die fachlichen Kompetenzen,
- die Arbeitsbereiche und
- die bevorzugten Ausdrucksformen (die „hundert Sprachen“).

Zu Beginn des ersten Qualifizierungstages bilden die Teilnehmer*innen 2er-Lernpartnerschaften mit einer „kritischen Freundin“ bzw. einem „kritischen Freund“. Die freie Wahl der Lernpartnerin bzw. des Lernpartners stellt jedoch einen sensiblen Prozess dar. Wir unterstützen das Finden einer „kritischen Freundin“ bzw. einem „kritischen Freund“ mit den folgenden drei Schritten:

1. Die Teilnehmer*innen erhalten Zeit, sich in einem ersten Schritt Gedanken über mögliche Lernpartner*innen zu machen.
2. In einem zweiten Schritt regen wir sie an, die von ihnen ausgewählte Person anzusprechen und zum Bilden einer Lernpartnerschaft einzuladen. Dabei kann es vorkommen, dass die Eingeladene oder der Eingeladene ablehnt, da beispielsweise eine Lernpartnerschaft mit einer anderen Person gewünscht ist.
3. Die gebildeten Lernpartnerschaften werden durch die Weiterbildner*innen abschließend auf einem Flipchart verschriftet und somit auch für alle noch einmal sichtbar gemacht.

Die inklusive didaktische Strategie der „kritischen Lernpartnerschaft“ verbinden wir mit einer zweiten inklusiven didaktischen Strategie: dem Kompetenztagebuch.

2.1.3 Das Kompetenztagebuch

Das Kompetenztagebuch ist ein Protokoll des eigenen Lernprozesses (Rambow/Nückles 2002; Fischer/Bosse 2013). Sabine Lingenauber und Janina von Niebelschütz (2014a) haben es in der Hochschullehre entwickelt und erprobt. Es kommt bei unserer Qualifizierung von Kindertageseinrichtungen zum Einsatz.

Dieses Tagebuch unterstützt die Teilnehmer*innen dabei, ihre eigene Kompetenzentwicklung zu dokumentieren und zu reflektieren (Lingenauber/von

Niebelschütz 2014a, S. 41 ff.). Sie halten während des Qualifizierungsprozesses ihre eigenen Beobachtungen anhand von Leitfragen sowohl bezogen auf Kinder, Eltern, Pädagog*innen und nichtpädagogische Fachkräfte als auch auf ihre eigenen Erfahrungen hin fest.

Ein Kompetenztagebuch zielt auf:

- die Beobachtung der eigenen Reaktionen in unterschiedlichen Lerngelegenheiten,
- die Dokumentation und Reflexion des eigenen Lernprozesses,
- das Ziehen von Querverbindungen zu neuen Lerninhalten und
- die Entwicklung eines Verständnisses über das eigene Verhalten in der Praxis (vgl. Lingenauber/von Niebelschütz 2014b).

Für eine zweijährige Weiterbildung ist das Kompetenztagebuch besonders geeignet. Wir geben den Teilnehmer*innen damit die Aufgabe der Selbstbeobachtung und Selbstreflexion ihrer vorhandenen und zu entwickelnden Kompetenzen (vgl. Soncini 2012, S. 205).

> *„Kompetenz ist (...) in erster Linie ein offener Prozess beruflicher Weiterentwicklung und Selbstentwicklung, gegenseitiger Bereicherung und eine menschliche Bereitschaft, zu kooperieren und gemeinsam Verantwortung zu übernehmen" (Rinaldi 2006, S. 50).*

Die Formen der Aufzeichnungen im Kompetenztagebuch umfassen:

- Ereignisse,
- Beobachtungen,
- Prozesse,
- Kinderzeichnungen,
- Grafiken,
- Fotos,
- Fragen und
- Verbindungen von Praxis und Theorie.

Eine Fülle an Dokumentationen macht die Art der Lernprozesse und -strategien sichtbar (vgl. Rinaldi 2006, S. 100). Es handelt sich also um eine Dokumentation von Prozessen und geistigen Wegen (vgl. ebd.). Carla Rinaldi betont, dass für die Pädagogin

> *„die Dokumentation das beste Instrument (...) ist, sich ihrer eigenen Theorien bewusst zu werden, die sie aufgrund ihres Hintergrundes besitzt. Nicht nur aufgrund ihres akademischen Hintergrundes, sondern auch auf-*

grund ihres kulturellen Hintergrundes (...). Die Dokumentation war und ist immer noch das einzige Instrument, das ich für das Auslösen von Krisen in Bezug auf Wissen, professionelle Weiterentwicklung, Identität (...) sehe" (a. a. O., S. 182).

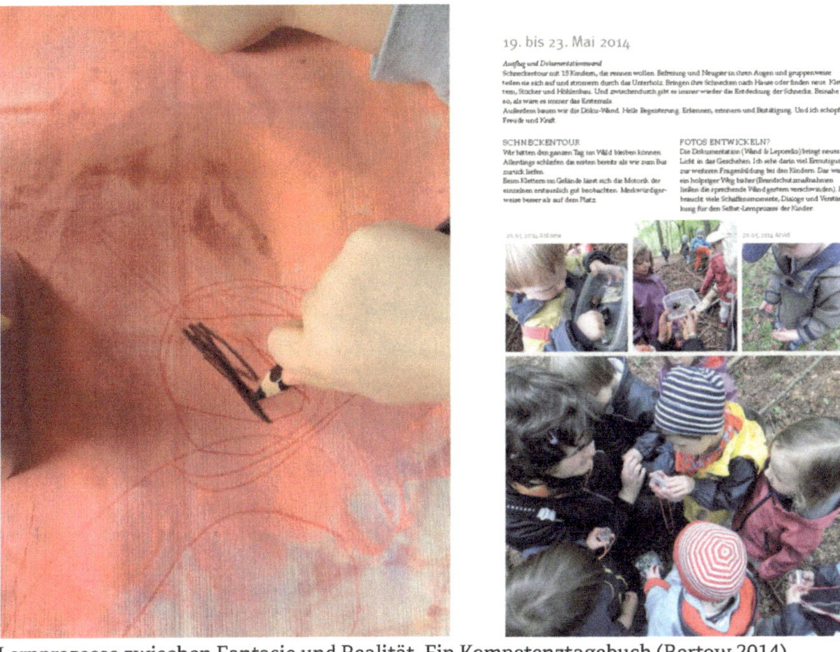

19. bis 23. Mai 2014

Ausflug und Dokumentationswand
Schneckentour mit 15 Kindern, die rennen wollen. Befreiung und Neugier in ihren Augen und gruppenweise teilen sie sich auf und stromern durch das Unterholz. Bringen ihre Schnecken nach Hause oder finden neue. Klettern, Stöcker und Höhlenbau. Und zwischendurch gibt es immer wieder die Entdeckung der Schnecke. Beinahe so, als wäre es immer das Erstemal.
Außerdem bauen wir die Doku-Wand. Helle Begeisterung. Erkennen, erinnern und Bestätigung. Und ich schöpfe Freude und Kraft.

SCHNECKENTOUR
Wir hätten den ganzen Tag im Wald bleiben können. Allerdings schliefen die ersten bereits als wir zum Bus zurück liefen.
Beim Klettern im Gelände lässt sich die Motorik der einzelnen erstaunlich gut beobachten. Merkwürdigerweise besser als auf dem Platz.

FOTOS ENTWICKELN?
Die Dokumentation (Wand & Leporello) bringt neues Licht in das Geschehen. Ich sehe darin viel Ermutigung zur weiteren Fragenbildung bei den Kindern. Das war ein holpriger Weg bisher (Brandschutzmaßnahmen ließen die sprechende Wand gestern verschwinden). Es braucht viele Schaffensmomente, Dialoge und Verstärkung für den Selbst-Lernprozess der Kinder.

Lernprozesse zwischen Fantasie und Realität. Ein Kompetenztagebuch (Bertow 2014)

Im Qualifizierungsprozess werden *sämtliche* Teilnehmer*innen (Pädagog*innen, Eltern und nichtpädagogische Mitarbeiter*innen in diesen Reflexionsprozess einbezogen. Den Einstieg in die Arbeit mit dem Kompetenztagebuch unterstützen wir durch den angeleiteten Austausch der kritischen Freund*innen zu einem Beispiel-Kompetenztagebuch. Die Teilnehmer*innen erhalten hierzu Ausdrucke eines solchen Buches (siehe oben). Die Gruppe verteilt sich dann in den 2er-Lernpartnerschaften im gesamten Gebäude. Folgende Aufgabe leitet den Austausch der kritischen Freund*innen:

1. Sehen Sie sich das Beispiel-Kompetenztagebuch an und beantworten Sie die zwei folgenden Fragen:
   - Welche Aspekte des eigenen Lernprozesses wurden dokumentiert?
   - In welcher Form wurde dokumentiert?

Notieren Sie Ihre Erkenntnisse in Ihrem *eigenen* Kompetenztagebuch. Hierfür haben Sie 30 Minuten Zeit.
Tauschen Sie sich in dieser ersten Phase noch *nicht* aus.

2. Tauschen Sie sich anschließend nacheinander über Ihre Erkenntnisse aus. Lassen Sie Ihr Gegenüber erst einmal in Ruhe ihre/seine Wahrnehmung erzählen und ihre Gedanken aufbauen. Unterbrechen Sie sie/ihn nicht, üben Sie das Zuhören. Dann tauschen Sie die Rollen. Dafür haben Sie insgesamt weitere 30 Minuten Zeit.

Die ca. 60-minütige Lese- und Austauschphase begleiten wir als Weiterbildner*innen: Wir gehen herum, setzen uns zu den 2er-Lernpartnerschaften und hören dem Austausch zu. Auch wir notieren uns dabei wichtige Erkenntnisse, um sie später an die kritische Lerngemeinschaft weiterzugeben. Sollte eine Lernpartnerschaft bei ihrer Reflexion den Fokus der Arbeitsaufgabe aus dem Blick verlieren, weisen wir die Teilnehmer*innen darauf hin und machen den Fokus der Arbeitsaufgabe noch einmal deutlich. Nach Abschluss der Austauschphase in den 2er-Lernpartnerschaften kommen sämtliche Teilnehmer*innen wieder zusammen. Es erfolgt ein Austausch und eine Diskussion der Erkenntnisse im Plenum.

Die folgenden Rückmeldungen dokumentieren exemplarisch einige der Erkenntnisse. Auf die Frage, welche Aspekte des eigenen Lernprozesses dokumentiert wurden, antworteten Teilnehmer*innen:

„Die Autorin hat ihre Selbstreflexion in den Mittelpunkt gestellt."
„Einzelne Arbeitsschritte wurden intensiv reflektiert."
„Ich fand es mutig sich einzugestehen, dass man nicht weiterkommt und dass man einen Schritt zurückgehen muss."

Auf die Frage nach den Dokumentationsformen antworteten Teilnehmer*innen:

„Es ist ein lebendiges Buch."
„Ich konnte viele Beobachtungsmethoden der Autorin entdecken: schriftliche Notizen, Fotografien und Videografien."
„Das Kompetenztagebuch enthält eine Mischung aus Bildern, Zitaten und eigenen Gedanken."

Während der sich anschließenden halbjährigen Erkundungsphase führen die Teilnehmer*innen ihr eigenes Kompetenztagebuch weiter. Sie halten darin Beobachtungen, Fotos, Aussagen der Kinder und eventuell transkribierte Tonaufnahmen fest. Diese Aufzeichnungen ergänzen sie durch das Verschriften ihrer Gedanken, Fragen und Interpretationen sowie ihrer wesentlichen Erkenntnisse aus der zur Verfügung gestellten Literatur. Die folgende Praxisaufgabe liegt der ersten Erkundungsphase zu Grunde:

Bitte halten Sie in den kommenden fünf Wochen im Kompetenztagebuch Beobachtungen zum Thema „Vielfalt in der Kindertageseinrichtung" fest. Lassen Sie sich von den Reflexionsfragen aus dem Index für Inklusion anregen. Beobachten Sie Kinder, Eltern, Pädagog*innen und nichtpädagogische Mitarbeiter*innen, wie z. B. den Koch der Einrichtung:

- Auf welche Vielfalt stoßen Sie?
- Wo stellen Sie keine Vielfalt fest?

Tauschen Sie sich nach ca. fünf Wochen darüber in einem Zweiergespräch mit Ihrer „kritischen Freundin" bzw. Ihrem „kritischen Freund" aus und halten Sie diese Erkenntnisse wiederum in Ihrem Kompetenztagebuch fest.

Suchen Sie weitere fünf Wochen auch bei Kindern, Eltern, Pädagog*innen und nichtpädagogischen Mitarbeiter*innen nach Hinweisen zum Thema „Vielfalt in der Haltung". Notieren Sie in Ihrem Kompetenztagebuch *eine* besonders beispielhafte Situation, in der Sie die Anwesenheit oder Abwesenheit von Vielfalt in der Kindertageseinrichtung ausmachen konnten.

Wiederholen Sie in den darauffolgenden fünf Wochen die Beobachtungsaufgabe in Bezug auf das Thema „Vielfalt des Teams". Beobachten Sie Pädagog*innen und nichtpädagogische Mitarbeiter*innen. Tauschen Sie sich nach ca. fünf Wochen darüber in einem Zweiergespräch mit Ihrer „kritischen Freundin" bzw. Ihrem „kritischen Freund" aus und halten Sie diese Erkenntnisse wiederum in Ihrem Kompetenztagebuch fest.

Suchen Sie weitere fünf Wochen nach Hinweisen zum Thema „Vielfalt des Teams". Notieren Sie in Ihrem Kompetenztagebuch eine besonders beispielhafte Situation, in der Sie die Anwesenheit oder Abwesenheit von Vielfalt ausmachen konnten.

Als ***pädagogische Fachkraft*** *tauschen Sie sich im Team vier Wochen vor dem zweiten Qualifizierungstag über die gesammelten Beobachtungen aus: Identifizieren Sie eine exemplarische Situation, von der Sie glauben, dass sie* *besonders häufig stattfindet und eine Situation, von der Sie glauben, dass sie selten vorkommt. Dokumentieren Sie beide Situationen auf maximal einer Seite und bringen Sie diese zum zweiten Qualifizierungstag mit.*

Bringen Sie Ihr Kompetenztagebuch bitte zum zweiten Qualifizierungstag mit.

Diese Dokumentationen bilden die Basis für den Dialog der kritischen Freund*innen am zweiten Qualifizierungstag. Wir als Weiterbildner*innen leiten den systematischen Austausch zwischen den kritischen Freund*innen mit Hilfe einer Aufgabe an. Hierfür wird im Unterschied zum ersten Qualifizierungstag nun das eigene Kompetenztagebuch der Teilnehmer*innen genutzt. Die kritischen Freund*innen verteilen sich dazu im gesamten Gebäude.

1. Lesen Sie das Kompetenztagebuch Ihrer kritischen Freundin bzw. Ihres kritischen Freundes. Dafür haben Sie 15 Minuten Zeit. Lesen Sie es, soweit Sie im Text kommen. Notieren Sie sich beim Lesen bitte, was Sie wahrnehmen. Sie können sich von den folgenden Fragen leiten lassen:
    - Welche Kompetenzen nehmen Sie bei Ihrer kritischen Freundin bzw. Ihrem kritischen Freund wahr?
    - Wird eine Kompetenz sichtbar, die zur Anwesenheit von Vielfalt in der Kindertageseinrichtung beiträgt?
    - Was ist für Sie ggf. nicht verständlich bzw. unklar?

Tauschen Sie sich in dieser ersten Phase noch nicht aus. Schreiben Sie sich aufkommende Fragen auf.

2. Tauschen Sie sich anschließend nacheinander dazu aus.

Lassen Sie Ihr Gegenüber erst einmal in Ruhe ihre/seine Wahrnehmung erzählen und ihre Gedanken aufbauen. Unterbrechen Sie sie/ihn nicht, üben Sie das Zuhören. Schreiben Sie sich aufkommende Fragen auf. Stellen Sie zum Schluss Ihre notierten Fragen. Halten Sie die Erkenntnisse Ihrer kritischen Freundin bzw. Ihres kritischen Freundes in Ihrem eigenen Kompetenztagebuch schriftlich fest. Dann tauschen Sie die Rollen.

Pro Austausch haben Sie jeweils 15 Minuten Zeit. Bitte notieren Sie sich deshalb, wann Sie mit dem Austausch beginnen.

Zusammengefasst beinhaltet die Arbeit mit dem Kompetenztagebuch in der Qualifizierung also vier Schritte:

- In einem ersten Schritt geht es darum, ein „fremdes“ Kompetenztagebuch zu lesen und die oben genannten Fragen zu beantworten.
- Der zweite Schritt besteht darin, die Perspektive der kritischen Freundin bzw. des kritischen Freundes zum eigenen Kompetenztagebuch wahrzunehmen.
- Drittens werden wechselseitig offene Fragen beantwortet. Dies ermöglicht das Verstehen der jeweils anderen Perspektive.
- Das Festhalten dieser Erkenntnisse im eigenen Kompetenztagebuch macht die Zusammenarbeit der kritischen Freund*innen sichtbar. Das eigene Kompetenztagebuch wird auf diese Weise um eine andere Perspektive erweitert.

Wir begleiten diese Arbeitsphase, in dem wir dem Austausch verschiedener kritischer Lernpartnerschaften ausschnittweise zuhören. Gegebenenfalls bringen wir uns durch Fragen ein. Darüber hinaus geben wir Impulse, wenn die Teilnehmer*innen alleine nicht weiterkommen oder uns an einzelnen Stellen eine tiefergehende Reflexion wichtig für den Lernprozess erscheint.

Im Anschluss an den Austausch der kritischen Freund*innen kommt die Gruppe im Plenum wieder zusammen. Wir regen gezielt dazu an, dass verschiedene Zugangsweisen und Ergebnisse der Teilnehmer*innen vor der gesamten Gruppe präsentiert und auf diese Weise der Lerngemeinschaft zugänglich gemacht werden (vgl. Reich 2014, S. 11).

Zu Beginn der Qualifizierung bezieht sich dieser Austausch in der kritischen Lerngemeinschaft insbesondere auf die Gestaltung des Kompetenztagebuchs und auf die Dokumentationsformen im Kompetenztagebuch. Wir bitten die Teilnehmer*innen in der Gruppe, das Kompetenztagebuch einer Person zur Besprechung vorzuschlagen, das ihnen einen zentralen Impuls gegeben hat. Diese Kompetenztagebücher werden in der Gruppe herumgereicht. Erfahrungsgemäß nennen die Teilnehmer*innen auf diese Anregung hin sehr unterschiedliche Kompetenztagebücher. Die so verdeutlichte Vielfalt an Herangehensweisen und Umsetzungsideen bietet sämtlichen Teilnehmer*innen eine wichtige Bereicherung für das eigene weitere Vorgehen.

In der nächsten halbjährigen Erkundungsphase führen die Teilnehmer*innen ihr Kompetenztagebuch weiter. Am dritten Qualifizierungstag liegt der Schwerpunkt auf der Reflexion des bisherigen Erkenntnisgewinns. Alle Teilnehmer*innen erarbeiten zusammen mit den kritischen Freund*innen ihre wichtigsten Erkenntnisse des letzten halben Jahres. Dieser Austausch ist geleitet durch die folgende Aufgabe:

1. Lesen Sie das Kompetenztagebuch Ihrer kritischen Freundin bzw. Ihres kritischen Freundes. Lesen Sie, soweit Sie im Text kommen. Dafür haben Sie 15 Minuten Zeit. Notieren Sie sich beim Lesen bitte, was Sie wahrnehmen. Sie können sich von den folgenden Fragen leiten lassen:

- Welche Kompetenzen nehmen Sie wahr?
  - Wird eine Kompetenz sichtbar, die zu einer aktiveren Teilhabe eines Kindes in einer bestimmten Situation beigetragen hat?
  - Wird eine Kompetenz sichtbar, die zu einer veränderten Dialogkultur mit den Kindern beigetragen hat?
- Was ist für Sie ggf. nicht verständlich bzw. unklar?

Tauschen Sie sich in dieser ersten Phase noch *nicht* aus. Schreiben Sie sich aufkommende Fragen auf.

2. Tauschen Sie sich anschließend nacheinander dazu aus.

Lassen Sie Ihr Gegenüber erst einmal in Ruhe ihre/seine Wahrnehmung erzählen und ihre/seine Gedanken aufbauen. Unterbrechen Sie sie/ihn nicht, üben Sie das Zuhören. Schreiben Sie sich aufkommende Fragen auf.

Stellen Sie zum Schluss Ihre notierten Fragen. Halten Sie die Erkenntnisse in Ihrem eigenen Kompetenztagebuch schriftlich fest. Dann tauschen Sie die Rollen.

Pro Austausch haben Sie jeweils 15 Minuten Zeit. Bitte notieren Sie sich deshalb, wann Sie mit dem Austausch beginnen.

Nach der Phase des Austausches kommt die Gruppe wieder im Seminarraum zusammen. Wir bitten in diesem Rahmen eine 2er-Lernpartnerschaft, ihren Erkenntnisgewinn im Plenum vorzustellen. Dazu können die zwei folgenden-Fragen dienen:

- Was war die zentrale Erkenntnis Ihrer kritischen Freundin bzw. Ihres kritischen Freundes bezogen auf die zweite Erprobungsphase?
- Welche Kompetenzen wurden für Sie im Kompetenztagebuch der kritischen Freundin bzw. des kritischen Freundes sichtbar?

Unsere Erfahrungen zeigen, dass Teilnehmer*innen erst lernen müssen, sich auf die Dokumentation im Kompetenztagebuch einzulassen. Die Aufgabe der Weiterbildner*innen ist es daher, diesen Prozess systematisch zu unterstützen.

So stellt beispielsweise die Verschriftung der eigenen Beobachtungen und Gedanken im Stil eines Tagebuches für einige Teilnehmer*innen eine Hemmschwelle dar. Insbesondere dann, wenn sie im Kindes- und Jugendalter kein Tagebuch geführt haben. Um diese Hemmschwelle zu senken, stellen wir sämtlichen Teilnehmer*innen während des ersten Qualifizierungstages ein Notizbuch als Kompetenztagebuch zur Verfügung.

Darüber hinaus ist für viele Teilnehmer*innen die Rolle der „zuhörenden und sehenden Zeugin der kindlichen Entwicklung" neu (Lingenauber 2013, S. 34 ff.). Durch ausgewählte Literaturhinweise zum Reggio-Emilia-Ansatz ermöglichen wir den Teilnehmer*innen, sich mit dieser neuen Rolle vertraut zu machen.

Gleichzeitig unterstützen wir die Dokumentationsprozesse der Teilnehmer*innen im Kompetenztagebuch durch Reflexionsfragen. Diese bieten anfänglich eine wichtige Hilfe für die Aufzeichnungen im Kompetenztagebuch.

1. Theorie

    - Welche Aspekte aus den Inhalten der Qualifizierungstage/den wissenschaftlichen Artikeln erscheinen mir so wichtig, dass ich Sie im Kompetenztagebuch noch einmal in eigene Worte fassen möchte?
    - Welche weiterführenden Fragen wirft die Auseinandersetzung mit den Inhalten der Qualifizierungstage/den wissenschaftlichen Artikeln auf?
    - Welche Fragen sind für mich offen?

2. Praxis

    - Welche Beobachtungen konnte ich in diesen Wochen machen?
    - Welche weiterführenden Fragen werfen meine Beobachtungen auf?
    - Welche Fragen sind für mich offen?

3. Theorie und Praxis

    - Welche Bezüge sehe ich zwischen Theorie und Praxis?
    - Fallen mir Beispiele aus meiner Erfahrung ein, die das Gelernte bestätigen oder ihm widersprechen?
    - Welche Aspekte des Gelernten fand ich interessant?
    - Und welche Aspekte fand ich nicht interessant und warum nicht?
    - Welche Aspekte des Gelernten kann ich gegenwärtig nutzen oder auch nicht?

Einzelne Teilnehmer*innen gestalten den Austausch über die Kompetenztagebücher zu Beginn noch zurückhaltend. Zudem scheint zu diesem Zeitpunkt die Vorstellung, sich über die eigenen Aufzeichnungen mit anderen Teilnehmer*innen auszutauschen, für Einzelne mit Unbehagen verbunden zu sein. Im Verlauf der Qualifizierung empfinden sie den Austausch als wertvoll.

Unsere Ergebnisse zeigen:

1. Mit Hilfe der beiden inklusiven didaktischen Strategien entwickeln die Teilnehmer*innen im Laufe der Qualifizierung Sicherheit in der Dokumentation und im Teilen ihrer Beobachtungen, Hypothesen, Fragen, Zweifel und Ideen in der Gruppe.

2. Sie bereichern damit nicht nur ihre eigenen Lernprozesse, sondern auch die der anderen Teilnehmer*innen.
3. Darüber hinaus entwickeln sie Kompetenzen als „Zeugin der kindlichen Entwicklung“ in der frühpädagogischen Praxis.

Diese didaktischen Strategien tragen somit dazu bei, das Recht sämtlicher Teilnehmer*innen auf Partizipation am gemeinschaftlichen Bildungsprozess umzusetzen (vgl. Lingenauber 2013, S. 59 ff.; 2018, S. 537 f.) und Partizipation als Wert für den gemeinschaftlichen Bildungsprozess zu erleben (vgl. Rinaldi 2011).

Im folgenden Kapitel stellen wir die dritte inklusive didaktische Strategie der Qualifizierung vor: die „Erfolgsgeschichte“.

2.1.4 Die Erfolgsgeschichte

Diese inklusive didaktische Strategie zielt zum einen darauf, die in der Lerngruppe vorhandenen Kompetenzen aller Teilnehmer*innen selbst bewusst zu machen. Zum anderen wird ein kompetenzorientierter Dialog in der Lerngemeinschaft angeregt. Gleichzeit geht es darum, der gesamten Gruppe die bereits vorhandenen positiven Erfahrungen mit Integration oder Inklusion bewusst zu machen.
Annika Sulzer und Petra Wagner weisen darauf hin, dass für die Entwicklung einer inklusiven pädagogischen Praxis die Reflexion biografischer Erfahrungen und Vorurteile eine Voraussetzung bilden (vgl. Sulzer/Wagner 2011, S. 37).

Die „Erfolgsgeschichte“ setzt an den positiven biografischen Erfahrungen der Teilnehmer*innen an. Sie kann sich auf den beruflichen oder den privaten Kontext beziehen, sich an einem Tag ereignet oder über einen längeren Zeitraum erstreckt haben. Von Bedeutung ist, dass die Geschichte sich auf ein Kind (oder einen Erwachsenen) bezieht und der oder die Teilnehmer*in in der erinnerten Erfolgsgeschichte eine aktive Rolle spielt.
Insgesamt umfasst diese Seminareinheit 90 Minuten und besteht aus drei Schritten:

1. Reflexion der eigenen Kompetenzen,
2. kompetenzorientierter Dialog und Dokumentation in Kleingruppen sowie
3. Dokumentation ausgewählter Kompetenzen und positiver Erfahrungen mit Integration oder Inklusion im Plenum.

Einzelne „Erfolgsgeschichten“ werden abschließend im Plenum anhand von Stichworten frei erzählt.

In der Praxis hat es sich für die Weiterbildner*innen bewährt, diese Seminareinheit zu Beginn anhand der einzelnen Schritte vorzustellen und dabei auf folgende Aspekte einzugehen:

Plenum	10 Minuten
	Die Weiterbildner*innen stellen den Inhalt der Seminareinheit vor und erklären die Vorgehensweise und Ziele. Sie betonen, dass es keine *schlechte* und keine *gute* Erfolgsgeschichte gibt. Sie bitten die Teilnehmer*innen, sich in möglichst vielfältigen Kleingruppen (Pädagog*innen, Eltern, Köch*innen und andere nichtpädagogische Mitarbeiter*innen) zu je drei Personen zusammenzusetzen.

Für die Reflexions- und Dialogphase verteilen sich die Kleingruppen in der Kindertageseinrichtung. Die erste Aufgabe bearbeitet allerdings jede/r Teilnehmer*in für sich.

Einzeln	10 Minuten
	Erinnern Sie sich an eine persönliche Erfolgsgeschichte, die Sie mit Integration oder Inklusion verbinden. Sie kann sich • auf den beruflichen oder privaten Kontext beziehen, • an einem Tag ereignet oder über einen längeren Zeitraum erstrecken haben, • auf ein Kind (oder einen Erwachsenen) beziehen. Ihre Erzählung soll folgende Beschreibungen enthalten: • ein Ereignis, • Ihre Kompetenzen, • Menschen, die Sie unterstützt haben und • ein Ergebnis. Schreiben Sie sich dazu bitte Stichworte auf. Tragen Sie diese in die nachfolgende Tabelle ein. Dafür haben Sie ca. 10 Minuten Zeit.

Die nachfolgende Tabelle unterstützt die Teilnehmer*innen dabei, die persönliche „Erfolgsgeschichte“ anhand der für diese Übung wichtigen Aspekte aufzubauen und zu reflektieren.

Denken Sie an eine private oder berufliche „Geschichte“, die sie erfolgreich mit einem Kind bewältigt haben. Sollten Sie keine Kinder-Geschichte erinnern, denken Sie alternativ an einen Erwachsenen.	
Wie war die Ausgangslage des Kindes (alternativ: Erwachsenen)? Welches Problem haben Sie gelöst?	
Welche Herausforderung haben Sie bewältigt?	
Was haben Sie erreicht?	
Von welchen Menschen wurden Sie vor oder während der „Geschichte“ positiv beeinflusst?	
Welche Kompetenzen haben Sie eingebracht?	
Wie haben diese die „Geschichte“ beeinflusst?	

Unsere Erfahrungen zeigen, dass sich im ersten Moment nicht sämtliche Teilnehmer*innen an eine persönliche „Erfolgsgeschichte“ erinnern. Berufsanfänger*innen, Eltern und nichtpädagogische Mitarbeiter*innen vermuten vielleicht, über gar keine persönliche „Erfolgsgeschichte“ zu verfügen, die sie mit Integration oder Inklusion verbinden. Wir als Weiterbildner*innen ermutigen dazu, sich einen Moment Zeit zu nehmen und darauf zu vertrauen, dass alle Teilnehmer*innen bereits eine eigene „Erfolgsgeschichte“ erlebt hat, die im weiten Sinne mit Integration oder Inklusion in Verbindung steht (siehe Beispiel Seite 39).

Nach dem Ausfüllen der Tabelle in Stichpunkten, treten die Teilnehmer*innen der Kleingruppe in einen Austausch. Folgende Aufgabe leitet diese Dialogphase:

Kleingruppe	30 Minuten: pro Teilnehmer*in 10 Minuten
	Beginnen Sie in einer vereinbarten Reihenfolge, Ihre ausgewählte Geschichte zu erzählen. Als Erzähler*in: Erzählen Sie die Geschichte Schritt für Schritt, sodass Ihre Zuhörer*innen Ihnen gut folgen können. Stellen Sie sich dabei vor, da wäre jemand, der sie stets fragt: „Was hast du dann gemacht? (...) Und dann? (...) Und dann?“ Dazu hat jede/r Erzähler*in ca. 5 Minuten Zeit. Als Zuhörer*in: Lassen Sie den/die Erzähler*in in Ruhe ihre Geschichte erzählen. Unterbrechen Sie sie nicht, üben Sie das Zuhören. Schreiben Sie während des Zuhörens die wahrgenommenen Kompetenzen stichwortartig auf eine Karteikarte. Diese Kompetenzen können sich beziehen auf die Bereiche: 1. Wissen und Fertigkeiten (fachliche Kompetenzen) und/oder 2. Sozialkompetenz und Selbstkompetenz (personale Kompetenzen). Geben Sie dem/der Erzähler*in in einer vereinbarten Reihenfolge - Zuhörer*in nach Zuhörer*in - eine Rückmeldung, welche Kompetenzen Sie bei der Erfolgsgeschichte besonders beeindruckt haben. Dazu hat jeder/jede Zuhörer*in ca. 5 Minuten Zeit. Überreichen Sie Ihre Karteikarte anschließend dem /der Erzähler*in. In der Kleingruppe: Wählen Sie eine Erfolgsgeschichte aus, die jemand stellvertretend für den/die Erzähler*in im Plenum vorstellt. Der/die vortragende Teilnehmer*in erhält dazu die Kompetenz-Karteikarten der Erzählerin bzw. des Erzählers.

Eine Teilnehmerin erzählte in der Kleingruppe die nachfolgende „Erfolgsgeschichte“ aus dem privaten Kontext:

„In unser Haus ist eine Mutter mit zwei Kindern gezogen, einem vierjährigen Mädchen und einem sechsjährigen Jungen. Meine Kinder waren in einem ähnlichen Alter. Sie versuchten mehrfach, im Flur mit Selina und Jakob in Kontakt zu kommen. Mutter und Kinder reagierten sehr schüchtern und verunsichert. Ich beobachtete, dass die Familie auch nach Wochen keinen Kontakt zu anderen Erwachsenen und Kindern hatte. Ich organisierte ein Treffen aller Nachbarn und Kinder im Garten und lud auch die neue Nachbarin dazu ein: Ich schickte meine Kinder mit einer selbstgemalten Einladung zu ihr. Während dieses Nachbarschaftstreffens erfuhr ich viel von ihrer schwierigen Lebenssituation. Seitdem spielen unsere Kinder regelmäßig zusammen.“

Die zuhörenden Teilnehmer*innen der Kleingruppe hielten die folgenden personalen Kompetenzen der Erzählerin auf Karteikarten fest:

Sensibilität, Beobachtungsgabe, Offenheit, Kreativität, Engagement, Kontaktfreude

Im Anschluss kommen sämtliche Teilnehmer*innen wieder im Plenum zusammen. Im nun folgenden dritten Schritt geht es darum, einzelne Erfolgsgeschichten vor der Gesamtgruppe zu erzählen und auf diese Weise ausgewählte Kompetenzen und positive Erfahrungen mit Integration oder Inklusion mit der Lerngemeinschaft zu teilen. Erfahrungsgemäß ist für drei Erfolgsgeschichten Zeit.

Die vortragenden Teilnehmer*innen kommen zum Erzählen der ausgewählten Erfolgsgeschichte nacheinander nach vorne. Die Kompetenz-Karteikarten werden während des Erzählens für die Gesamtgruppe sichtbar an einem Flipchart geheftet. Auf diese Weise erfolgt die Dokumentation vorhandener Kompetenzen im Plenum. Die nachfolgende Aufgabe unterstützt den Austausch im Plenum:

Plenum	30 Minuten
	Als vortragende/r Teilnehmer*in: Erzählen Sie die ausgewählte Erfolgsgeschichte bitte im Kontext der herausgearbeiteten Kompetenzen. Dabei kommt es nicht auf eine exakte Wiedergabe der Geschichte an. Wichtig ist die Darstellung der Kompetenzen, die Sie besonders beeindruckt haben. Betonen Sie am Anfang, *wessen* Geschichte Sie erzählen. Zum Beispiel: „Ich erzähle die Geschichte von Anna. (...)". Sie haben hierfür insgesamt 5 Minuten Zeit. Bitte heften Sie die Kompetenz-Karteikarten während des Erzählens für alle sichtbar an dem Flipchart.
	Die Weiterbildner*innen bitten die vortragenden Teilnehmer*innen, sich zum Erzählen der Erfolgsgeschichte vor die Gesamtgruppe zu stellen. Sie erinnern die Teilnehmer*innen an Folgendes: Wichtig sind die Kompetenzen, die sich in der Erfolgsgeschichte zeigten. Anders ausgedrückt: Nicht die Details der Geschichte selbst sind wichtig. Sie fassen abschließend die wichtigsten Erkenntnisse bezogen auf die vorhandenen Kompetenzen zusammen. Aus jeder der drei Gruppen (Pädagog*innen, Eltern, Köch*innen und andere Nicht-Pädagog*innen) wird möglichst eine Erfolgsgeschichte im Plenum präsentiert.

Die Rückmeldungen der Teilnehmer*innen verdeutlichen, dass der Blick auf die eigenen Kompetenzen und der Blick auf die in der Lerngruppe vorhandenen Kompetenzen als Wertschätzung und als Bereicherung erlebt wird. Die dokumentierten Kompetenzen wirken sich motivierend auf die Teilnehmer*innen aus. Sie zeigen: Die Lerngruppe bringt *vielfältige Kompetenzen* und somit auch *vielfältige Ressourcen* in den gemeinsamen Lernprozess der Qualifizierungsphase ein.

Unsere Erfahrungen zeigen auch, dass insbesondere den nichtpädagogischen Mitarbeiter*innen die Wahrnehmung und Benennung der eigenen Kompetenzen zu Beginn nicht leichtfällt. Umso wichtiger ist es aus unserer Sicht, gerade auch die Kompetenzen *dieser* Gruppe für die gesamte Lerngemeinschaft sichtbar zu machen. Indem eine „Erfolgsgeschichte" jeder Teilnehmer*innen-Gruppe im Plenum erzählt wird, entsteht ein Bewusstsein dafür, dass *sämtliche* Teilnehmer*innen Kompetenzen in den gemeinsamen Lernprozess der Qualifizierungsphase einbringen.

Die inklusive didaktische Strategie der „Erfolgsgeschichte" ermöglicht den Teilnehmer*innen somit eine Erfahrung, die im weiteren Verlauf der Qualifizierung die Auseinandersetzung mit der eigenen Kompetenzentwicklung maßgeblich unterstützt.

2.1.5 Literatur

Barrio Saiz, Ana del (2013): Building Critical Learning Communities in ECEC settings in the Netherlands. Vortrag im Rahmen des 2. WiFF-Bundeskongresses für Weiterbildungsanbieter in der Frühpädagogik „Kompetent für Inklusion!" am 17./18. Oktober 2013 in Berlin. URL: http://www.weiterbildungs initiative.de/fileadmin/download/Inklusionskongress_Praesis/Ana_ del_Barrio_Saiz.pdf, abgerufen am 28.10.2018

Barrio Saiz, Ana del (2012): Permanent learning in teams as professional requirement. A critical reflective model to improve professional quality and competencies in early childhood organizations and in a context of diversity. In: Heinrich Böll Stiftung – Migration-Integration-Diversity (Hrsg.): Diversität und Kindheit. Frühkindliche Bildung, Vielfalt und Inklusion. Ein Dossier von Migration-Integration-Diversity – dem migrationspolitischen Portal der Heinrich Böll Stiftung. Berlin, S. 76–85. URL: https://heimatkunde.boell.de/sites/default/files/diversitaet_und_kindheit_ kommentierbar.pdf, abgerufen am 28.10.2018

Bertow, Katrin Isabell (2014): Lernprozesse zwischen Fantasie und Realität. Ein Kompetenztagebuch. Unveröffentlichtes Dokument

Fischer, Dietlind/Bosse, Dorit (2013): Das Tagebuch als Lern- und Forschungsinstrument. In: Friebertshäuser, Barbara/Langer, Antje/Prengel, Annedore (Hrsg.): Handbuch Qualitative Forschungsmethoden in der Erziehungswissenschaft. Weinheim/Basel (4., durchgesehene Auflage): Beltz Juventa

Lingenauber, Sabine (2018): Der Reggio Emilia Approach: Partizipation in Geschichte und Gegenwart. In: Barz, Heiner (Hrsg.): Handbuch Reformpädagogik und Bildungsreform. Heidelberg: Springer VS, S. 535–541

Lingenauber, Sabine (2013): Einführung in die Reggio-Pädagogik. Kinder, Erzieherinnen und Eltern als konstitutives Sozialaggregat. Bochum/Freiburg (6. Auflage): projektverlag

Lingenauber, Sabine/Niebelschütz, Janina L. von (2014a): Kompetenzen sichtbar machen. Eine Projektvorstellung. In: Klein & Groß – Zeitschrift für Frühpädagogik, Jg. 67, Nr. 11, S. 40–43

Lingenauber, Sabine/Niebelschütz, Janina L. von (2014b): Das Kompetenztagebuch. Unveröffentlichtes Arbeitsblatt

Rambow, Riklef/Nückles, Matthias (2002): Der Einsatz des Lerntagebuchs in der Hochschullehre. In: Das Hochschulwesen, Jg. 50, Nr. 3, S. 113–120. URL: https://akomm.ekut.kit.edu/downloads/2002_3_Einsatz_Lerntagebuch.pdf, abgerufen am 28.10.2018

Reich, Kersten (2014): Inklusive Didaktik. Bausteine für eine inklusive Schule. Weinheim/Basel: Beltz

Rinaldi, Carla (2011): Infant-toddler Centers and Preschools as Places of Culture. In: Reggio Children (Hrsg.): Making Learning Visible: Children as Individual and Group Learners. Reggio Emilia (5. Auflage): Reggio Children, S. 38–46

Rinaldi, Carla (2006): In Dialogue with Reggio Emilia. Listening, researching and learning. Oxon/New York: Routledge

Soncini, Ivana (2012): The Inclusive Community. In: Edwards, Carolyn/Gandini, Lella/Forman, George (Hrsg.): The Hundred Languages. The Reggio Emilia Experience in Transformation. Santa Barbara (3. Auflage): Praeger Publishers, S. 187–211

Sulzer, Annika/Wagner, Petra (2011): Inklusion in Kindertageseinrichtungen – Qualifikationsanforderungen an die Fachkräfte. Eine Expertise der Weiterbildungsinitiative Frühpädagogische Fachkräfte (WiFF). München: Deutsches Jugendinstitut e. V.

Literaturempfehlungen für die erste Erkundungsphase

Albers, Timm (2014): Den Umgang mit Vielfalt und Inklusion professionell gestalten. In: Weltzien, Dörte/Albers, Timm (Hrsg.): Vielfalt und Inklusion. Kindergarten heute – Wissen kompakt. Freiburg: Herder, S. 26–33

Lingenauber, Sabine (2013): Einführung in die Reggio-Pädagogik. Kinder, Erzieherinnen und Eltern als konstitutives Sozialaggregat. Bochum/Freiburg (6. Auflage): projektverlag, S. 34–39

Prengel, Annedore (2007): Pädagogik der Vielfalt: Grundlagen und Handlungsperspektiven in der Kita. In: Theorie und Praxis der Sozialpädagogik. Evangelische Fachzeitschrift für die Arbeit mit Kindern, Nr. 2, S. 6–9

Weltzien, Dörte (2014): Eine inklusive Haltung entwickeln. In: Weltzien, Dörte/Albers, Timm (Hrsg.): Vielfalt und Inklusion. Kindergarten heute – Wissen kompakt. Freiburg: Herder, S. 18–25

2.2 Inklusive Strategien etablieren

Der zweite Qualifizierungstag fokussiert inklusive Strategien in Kindertageseinrichtungen.

2.2.1 Einleitung

Die Umsetzung von Inklusion in Kindertageseinrichtungen erfolgt mithilfe von Strategien, die Interaktionen zwischen allen Beteiligten ermöglichen und unterstützen.

Kinder, Eltern, Pädagog*innen, und nicht-pädagogische Mitarbeiter*innen sollten als Akteure beteiligt werden. Im Kontext des zweiten Qualifizierungstages geht es darum, Antworten auf die Frage zu finden:

Wie kann es gelingen, sämtliche Akteure in die Gestaltung von Bildungsprozessen in der Kindertageseinrichtung einzubeziehen?

Das professionelle Handeln der Pädagog*innen ermöglicht ihre Beteiligung. Es setzt voraus, dass die Pädagog*innen sich zunächst darüber klarwerden, welche Beteiligungsmöglichkeiten bereits in der Kindertageseinrichtung bestehen.

Ein von Sabine Lingenauber (2008) entwickeltes „Ebenenmodell professionellen Handelns" ermöglicht es Pädagog*innen, die bestehende Beteiligung der Akteur*innen zu erfassen. Die Interaktionen können sieben „Ebenen professionellen Handelns" zugeordnet werden:

1. Pädagog*innen & Pädagog*innen (sowie weitere Mitarbeiter*innen)
2. Pädagog*innen & Eltern (sowie weitere Mitarbeiter*innen)
3. Pädagog*innen & Kinder (sowie weitere Mitarbeiter*innen)
4. Eltern & Eltern
5. Kinder & Kinder
6. Kind, Pädagog*innen & Eltern (sowie weitere Mitarbeiter*innen)
7. Eltern & Kinder (a.a.O., S. 199)

Die nachfolgende Grafik veranschaulicht die sieben Interaktionsebenen der Akteursgruppen:

Abb.: Reflexionsmodell für Partizipation in inklusiven Kindertageseinrichtungen (vgl. Lingenauber 2008, S. 200)

Sämtliche sieben Ebenen sind in diesem Modell gleichwertig (vgl. Lingenauber/von Niebelschütz 2012, S. 135). „Ziel ist es auf allen Ebenen, den Dialog zwischen den genannten Akteuren systematisch zu unterstützen und dabei die unterschiedlichen Perspektiven bewusst zu berücksichtigen" (ebd.).

Die nachfolgende Übung unterstützt die Teilnehmer*innen, die bereits in der Kindertageseinrichtung vorhandenen Beteiligungsmöglichkeiten zu erfassen. Die Weiterbildner*innen verteilen dazu Ausdrucke der unten abgebildeten Tabelle und bitten sämtliche Teilnehmer*innen, diese auszufüllen.

Reflexion der vorhandenen Beteiligungsmöglichkeiten

Auf welchen „Ebenen professionellen Handelns“ sind in Ihrer Kindertageseinrichtung bereits Beteiligungsmöglichkeiten vorhanden?

	Ebene:	Inklusive Strategie:	Ziel(e):
1	Pädagog*innen & Pädagog*innen (sowie weitere Mitarbeiter*innen)		
2	Pädagog*innen & Eltern (sowie weitere Mitarbeiter*innen)		
3	Pädagog*innen & Kinder (sowie weitere Mitarbeiter*innen)		
4	Eltern & Eltern		
5	Kinder & Kinder		
6	Kind, Pädagog*innen & Eltern (sowie weitere Mitarbeiter*innen)		
7	Eltern & Kinder		

2.2.2 Inklusive Strategien identifizieren

Der Film „Inklusion im Kindergarten. Einblicke in ein erfolgreiches Konzept“ (Lingenauber/von Niebelschütz 2015a) ist ein Best-Practice-Beispiel für gelungene Inklusion. Wir setzen ihn in einer Seminareinheit des zweiten Qualifizierungstages ein. Der Film porträtiert eine inklusive Kindertageseinrichtung, in der Kinder, Eltern und Pädagog*innen jeweils einen unverzichtbaren Anteil zur Bildung beitragen. Die Aufnahmen dokumentieren zum einen das gemeinsame Spielen und Lernen unterschiedlicher Kinder von „hochbegabt“ bis „schwerbehindert“. Sie zeigen somit aktuelle Bilder inklusiver Prozesse. Zum anderen stellt der Film dar, wie Eltern, Pädagog*innen und weitere Fachkräfte (z. B. Frühförder*innen, Therapeut*innen und Ärzt*innen) in die Gestaltung der Bildungsprozesse einbezogen werden. In eigenen Worten berichten Pädagog*innen und Eltern über die inklusiven Strategien und ihre Erfahrungen damit.

Einen Trailer zum Film sehen Sie unter: https://www.youtube.com/watch?v=mN3Q5QVPzM8

Die 120-minütige Seminareinheit umfasst drei Schritte:

1. Ansehen des Hauptfilms,
2. Austausch in Kleingruppen,
3. Diskussion im Plenum.

Die Weiterbildner*innen erläutern die Seminareinheit zunächst im Ganzen. Sie stellen den Inhalt vor und erklären die Vorgehensweise und Ziele. Erst danach wird die erste Aufgabe erläutert.

Plenum	10 Minuten
	Die Weiterbildner*innen bitten die Teilnehmer*innen, sich während des Films Notizen zu Ihren Eindrücken zu machen, und zwar zu den folgenden zwei Fragen: 1. Was hat Sie besonders beeindruckt? 2. Welche konkreten Beispiele von Inklusion haben Sie wahrgenommen? Sie weisen auf Folgendes hin: • Zu sehen sind im Film Bilder inklusiver Prozesse in einer Kinderageseinrichtung. • Die Autorinnen haben Fragen entwickelt, die sie Eltern, Erzieher*innen und der Leiterin in gleicher Weise gestellt haben. Zum Beispiel zu den Gelingensbedingungen von Inklusion. Sie kommentieren den Film nicht. Folgende Rahmendaten der im Film gezeigten Kindertageseinrichtung nennen sie vorab: • Die Personalausstattung ist nicht anders als in anderen Kindertageseinrichtungen in Hessen und eine Regelung des jeweiligen Bundeslandes. • Die Logopädin führte zu dem Zeitpunkt des Filmdrehs eine selbstständige Praxis in der Kindertageseinrichtung. • Der Ergotherapeut ist stundenweise in der Kindertageseinrichtung tätig. • Es besteht eine enge Kooperation der Kindertageseinrichtung mit der Frühförderstelle. • Die Eltern zahlen keine höheren Kindergartenbeiträge als in anderen städtischen Einrichtungen.

Im Anschluss daran zeigen die Weiterbildner*innen den 42-minütigen Hauptfilm. Er veranschaulicht in sieben Kapiteln wesentliche Gelingensstrategien einer inklusiven frühpädagogischen Praxis.

Die Aufnahmen des ersten Kapitels „Gemeinschaft herstellen“ zeigen das Ankommen der Kinder, Mütter und Väter am Morgen. Die Interaktionen zwischen Eltern, Kindern und Pädagog*innen zeichnen ein Bild der Gemeinschaft in dieser Einrichtung. Eingespielte Aussagen von Müttern und Pädagog*innen machen deutlich: Gemeinschaft wird hier als Wert erfahren (vgl. Lingenauber/von Niebelschütz 2015b, S. 12).

Im zweiten Kapitel „Anderssein anerkennen und wertschätzen“ zeigt der Film Aufnahmen der Kinder bei verschiedenen Aktivitäten – miteinander und nebeneinander – auf dem Außengelände. In eingeblendeten Interviewausschnitten beschreiben Mütter von Kindern mit und ohne Behinderungen die Bedeutung der Erfahrungen des gemeinsamen Aufwachsens in Vielfalt, und zwar sowohl für die Kinder als auch für die Eltern (vgl. a. a. O.S. 13).

Im dritten Kapitel „Impulse geben für ein Miteinander der Kinder“ enthält der Film zwei Szenen, in denen die Bedeutung der Pädagog*innen für die Interaktionsprozesse der Kinder mit und ohne Behinderungen deutlich wird: das gemeinsame Rutschen und das gemeinsame Gießen eines Hochbeetes. Beide Szenen zeigen beispielhaft, wie es gelingt, ein Kind mit einer an Blindheit grenzenden Sehbeeinträchtigung und körperlichen Beeinträchtigung in diese gemeinsame Aktivität einzubeziehen (vgl. a. a. O., S. 13 f.).

Das vierte Kapitel „Im interdisziplinären Team arbeiten“ verdeutlicht unter anderem, wie die Interaktionsprozesse verschiedener Fachkräfte wie Pädagog*innen, Ärzt*innen, Therapeut*innen und Frühförder*innen zur gelingenden Umsetzung einer inklusiven Praxis beitragen (vgl. a. a. O., S. 15).

Die Aufnahmen des fünften Kapitels „Beteiligung der Eltern ermöglichen“ rücken die Bedeutung der Partizipation von Eltern in den Fokus. Ausschnitte der Interviews mit Müttern und Pädagog*innen stellen die in dieser Einrichtung umgesetzten Partizipationsstrategien und deren Bedeutung aus individueller Perspektive dar (vgl. a. a. O., S. 16).

Im sechsten Kapitel „Verständnis im Dialog herstellen“ beschreiben Pädagog*innen und Eltern in Interviewausschnitten eine besondere Form eines

Elternabends: Eltern von Kindern mit Behinderungen erzählen an diesem Abend von ihren persönlichen, vielfältigen Erfahrungen. Die Ausführungen verdeutlichen, wie dieser Austausch zur Entwicklung von Verständnis zwischen den Eltern und zwischen Eltern und Pädagog*innen beiträgt (vgl. a. a. O., S. 16 f.).

Im abschließenden siebten Kapitel „Eine inklusive Haltung entwickeln" gehen die Pädagog*innen und Eltern darauf ein, wie die persönlichen Erfahrungen mit Inklusion die Entwicklung einer inklusiven Haltung unterstützen (vgl. a. a. O., S. 17).

Nach dem Ansehen des Films erhalten die Teilnehmer*innen die folgende Aufgabe für den Austausch in Kleingruppen:

<table>
<tr><td>Kleingruppe</td><td>45 Minuten</td></tr>
<tr><td></td><td>Wir möchten Sie bitten, Kleingruppen von 4 bis 5 Personen in den jeweiligen Rollen
• Eltern,
• Pädagog*innen,
• nichtpädagogische Mitarbeiter*innen,
• Trägervertreter*innen (Verwaltung)
zu bilden.

Suchen Sie sich jetzt als Kleingruppe einen Ort zum Austausch in der Einrichtung.

Bitten Sie zu Beginn jemanden aus der Gruppe, die Ergebnisse aus Ihrem Austausch in Stichpunkten aufzuschreiben.

Wählen Sie eine Frage aus, mit der Sie den Austausch beginnen.

Erzählen Sie sich nun nacheinander von Ihren notierten Eindrücken zu den Fragen aus (siehe oben). Lassen Sie jede*n Einzelne*n in der Kleingruppe erst einmal ihre/seine Eindrücke mitteilen und hören Sie sich gegenseitig zu. Erst danach tauschen Sie sich aus.

Gehen Sie dann bitte zur zweiten Frage über.

Hierfür haben Sie insgesamt 45 Minuten Zeit.</td></tr>
</table>

Wir als Weiterbildner*innen begleiten diesen Austausch, indem wir den Kleingruppen ausschnittweise zuhören. Erfahrungsgemäß wirft der Film auch Fragen auf oder verleitet die Kleingruppen dazu, die Kindertageseinrichtung im Film mit der eigenen Einrichtung zu vergleichen. In diesem Fall weisen wir die Teilnehmer*innen noch einmal auf den Fokus der Arbeitsaufgabe hin.

Die Erfahrung in den Qualifizierungen zeigte, dass der Film für *sämtliche* Teilnehmer*innen (Eltern, Pädagog*innen, nichtpädagogische Mitarbeiter*innen und Trägervertreter*innen (Verwaltung) Impulse für einen regen Austausch bietet.

Die Teilnehmer*innen kommen im Anschluss an den Austausch in den Kleingruppen für die Diskussion der Ergebnisse im Plenum wieder zusammen. Für diesen dritten Schritt erhalten die Teilnehmer*innen die folgende Aufgabe:

Plenum	30 Minuten
	Entscheiden Sie in der Kleingruppe, wer von Ihnen stellvertretend Ihre zusammengetragenen Ergebnisse im Plenum vorstellt. Achten Sie nicht darauf, ob sich Stichworte doppeln, wenn sie bereits von einer anderen Kleingruppe genannt wurden. Von Bedeutung ist *alles*, was *Ihre* Kleingruppe besonders beeindruckte bzw. wahrnahm.
	Die Weiterbildner*innen weisen zu Beginn der Austauschphase auf Folgendes hin: „Es geht nun darum, die wichtigsten Ergebnisse der Kleingruppen zu den Leitfragen zu hören. Anders ausgedrückt erfolgt jetzt keine Diskussion über den Film an sich.“

Einige beispielhafte Rückmeldungen aus dem Plenum dokumentieren die Ergebnisse der Kleingruppen.

Die *Pädagog*innen* hat Folgendes besonders beeindruckt:

„Die Toleranz bei den Eltern ist gewachsen."
„Die Eltern konnten über Handicaps der Kinder reden, sich zugehörig und angenommen fühlen."
„Der offene und rücksichtsvolle Umgang miteinander."
„Die Kita vermittelt Normalität."
„Toleranz dem Anderssein gegenüber."
„Hier wird ein Wandel der Gesellschaft angeregt."

Die *nichtpädagogischen Mitarbeiter*innen* beeindruckte:

„Die Vernetzung der Ärzte und Therapeuten, um Eltern zu entlasten."
„Die Geborgenheit beim gemeinsamen Rutschen: sich anfassen und mitnehmen lassen."
„Die Ordnung und Struktur in den Räumen."
„Die Vielfältigkeit des Arbeitsmaterials."
„Ein Fahrstuhl, der es allen Kindern ermöglicht, die verschiedenen Etagen des Hauses zu nutzen."

Die *Eltern* nahmen folgende Beispiele für Inklusion im Film wahr:

„Vorbehalte und Ängste konnten auch bei Eltern und Großeltern abgebaut werden."
„Die Akzeptanz für alle Eltern."
„Es gibt eine große Gruppe aktiver Eltern, nicht nur wenige."
„Der offene, rücksichtsvolle Umgang miteinander."
„Wir möchten auch ein Elterncafé, so wie im Film."
„Die Offenheit der Eltern von Kindern mit Behinderungen, an einem Elternabend über ihre eigenen Erfahrungen zu berichten."

Unsere Erfahrungen zeigen, dass die konkreten Einblicke in eine gelingende inklusive Praxis anhand des oben genannten Films dazu beitragen,

- konkrete Vorstellungen über die Bedeutung von Inklusion zu entwickeln,

- eine positive und optimistische Haltung gegenüber der Beteiligung sämtlicher Akteur*innen einzunehmen,
- vielfältige Ideen für Beteiligungsstrategien in der eigenen Kindertageseinrichtung zu entfalten und
- die Freude an der Weiterentwicklung der eigenen Kindertageseinrichtung zu stärken.

Auf diese Weise inspiriert der Film *sämtliche* Teilnehmer*innen für den weiteren Qualifizierungsprozess.

2.2.3 Die Teilhabechancen aller Kinder sichern: Kindliche Sprachpersönlichkeiten in den Blick nehmen

Beim Thema Partizipation im pädagogischen Alltag denken wir im Zusammenhang mit Inklusion zunächst an integrative Prozesse zwischen behinderten und nicht behinderten Kindern, welche wir im vorherigen Themenblock bearbeitet haben. Soll der Grundgedanke der Partizipation allerdings konsequent verankert werden, dann muss dieser auf alle Kinder bezogen werden.

Els Vandenbussche und Ferre Laevers (2009) erinnern uns daran, dass Kinder besonders intensiv lernen, wenn sie sich wohlfühlen und besonders involviert und mit voller Aufmerksamkeit dabei sind. Und das können wir bei Kindern schnell an ihrer Körpersprache und ihrem gesamten Handeln erkennen. Im Gegensatz hierzu stehen pädagogische Situationen und Aktivitäten, in denen Kinder nicht aktiv beteiligt sind oder sich unwohl fühlen, vielleicht weil sie mit Nachdruck dazu aufgefordert werden, etwas gegen ihren Willen zu tun. Im Folgenden möchten wir deshalb nun auch die Frage behandeln, mit welchen Strategien die Teilnehmer*innen die Teilhabechancen von allen Kindern sichern können. Hierzu haben wir das Konzept der kindlichen Sprachpersönlichkeiten entwickelt.

Die 150-minütige Seminareinheit umfasst drei Schritte:

1. Vorstellung der kindlichen Sprachpersönlichkeiten mit Übung,
2. Kleingruppenarbeit zu kindlichen Sprachpersönlichkeiten und
3. Vorstellung der Reflexionsaufgabe für die Praxisphase.

Wir führen in das Thema mit einer Plenumseinheit ein, um die Leitidee des Ansatzes der kindlichen Sprachpersönlichkeiten und ihrer Berücksichtigung im pädagogischen Alltag zu erklären.

Elaine Weitzman und Janice Greenberg (2008) betonen, dass alle Kinder Gelegenheitsstrukturen im Sinne von vielfältigen Dialogen im pädagogischen Alltag brauchen, in denen sie feinfühlig angesprochen und gehört werden. So erfahren sie Anregung, die für sie sinnhaft ist. Die Grundidee besagt, dass jedes Kind abhängig von seiner Entwicklung, seinen familiären Erfahrungen, seinen Interessen und seinem Temperament eine unterschiedliche Sprachpersönlichkeit mit in die Kindertageseinrichtung bringt. Diese Sprachpersönlichkeit hat einen Einfluss auf die Beteiligungsmöglichkeiten des Kindes.

Der Blick auf die unterschiedlichen Sprachpersönlichkeiten von Kindern und ihre Auswirkungen im Alltag sind also ein wichtiges Mittel, um die Teilhabechancen aller Kinder zu sichern. Die vier unterschiedlichen Sprachpersönlichkeiten stellen wir im Plenum in einem ersten Schritt vor:

1. **Sprachlich aktiv:** Hiermit sind Kinder gemeint, die von sich aus viele Dialoge mit Erwachsenen und anderen Kindern initiieren. Und das mit geschickten verbalen Strategien: „Schau mal! Weißt Du was?" Wenn Weiterbildner*innen eine Kita besuchen, werden sie meist von Kindern mit einer solchen Sprachpersönlichkeit direkt in Empfang genommen und in die Spielecke geführt. Diese Kinder schaffen sich damit vielfältige Dialogmöglichkeiten mit anderen und involvieren sich selbst ins Geschehen.

2. **Zurückhaltend:** Diese Kinder laufen häufig im Gruppengeschehen mit und reagieren brav auf Initiativen und Anweisungen anderer. Anderen Personen gegenüber begegnen sie eher abwartend und beobachten aus einer gewissen Distanz die Geschehnisse. Gesprächspartner*innen

müssen hier bewusst die Initiative ergreifen und mit non-verbalen Signalen und zaghaften Annäherungsversuchen arbeiten, um in den Dialog zukommen. Denn diese Kinder reagieren eher auf die Initiativen anderer, als dass sie von sich aus Dialoge starten.

3. **Introvertiert:** Diese Kinder sind nur selten am Gruppengeschehen beteiligt, da sie sich selbst sehr stark zurückhalten und häufig auch nicht auf die Initiativen anderer reagieren. Dass diese Kinder nicht aktiv am Gruppengeschehen teilnehmen, fällt allerdings meist im Trubel des pädagogischen Alltags gar nicht auf. Diese sogenannten unsichtbaren Kinder müssen deshalb ganz gezielt in den Blick genommen werden.

4. **Eigene Ziele:** Kinder mit dieser Sprachpersönlichkeit verfolgen meist ihre eigene Ideen und Ziele. Sie reagieren selten auf Initiativen anderer und machen nicht gerne bei Aktivitäten mit, bei denen man den Ideen anderer folgen muss. Für solche Sprachpersönlichkeiten gestalten sich stark strukturierte Angebote, wie z.B. ein Morgenkreis, bei dem man lange sitzen und zuhören muss, schwierig. Sie brauchen möglichst viele Freiheiten.

Die entscheidende Frage für unseren Ansatz ist, welche Auswirkung die Sprachpersönlichkeit eines Kindes auf dessen Beteiligungschancen im pädagogischen Alltag hat. Warum ist es wichtig, sich die kindlichen Sprachpersönlichkeiten vor Augen zu führen, wenn wir uns mit partizipativen Prozessen beschäftigen?

Studien von Elaine Weitzman u. a. (2006) konnten zeigen, dass

- Kinder mit einer sprachlich-aktiven Sprachpersönlichkeit von pädagogischen Fachkräften viel Aufmerksamkeit bekommen und viele Dialoge mit ihnen und anderen Kindern führen. Diese Kinder schaffen sich selbst vielfältige Partizipationsmöglichkeiten.
- Kinder, die zurückhaltend oder introvertiert sind oder hauptsächlich nonverbal kommunizieren, mit pädagogischen Fachkräften und anderen Kindern wesentlich weniger Dialoge führen, weil sie niemanden für sich einnehmen. Somit haben sie weniger Gelegenheiten, sich in das Gruppengeschehen aktiv einzuklinken.

- Kinder, die zurückhaltend sind, aber auf die Initiativen anderer reagieren, mehr Dialoge als Kinder führen, die introvertiert sind und nicht gleich auf die Initiativen anderer eingehen.
- Kinder mit eigenen Zielen von pädagogischen Fachkräften zwar häufig Aufmerksamkeit bekommen, dies aber meist in einer direktiven Art und Weise erfolgt, die von der pädagogischen Fachkraft mit dem Ziel initiiert wird, diese Kinder während einer Aktivität bei der Stange zu halten.

Für eine inklusive Gestaltung des pädagogischen Alltags ist es wichtig, die Sprachpersönlichkeiten aller Kinder in den Blick zu nehmen. Es geht darum, sich dafür zu sensibilisieren, welche Kinder welche Aufmerksamkeit von den pädagogischen Fachkräften und anderen Kindern erhalten.

Denn unser Projekt hat gezeigt: Nur, wenn Teams in Kindertageseinrichtungen gezielt analysieren, wem sie wie viel Aufmerksamkeit schenken, werden auch alle Kinder in den Gruppenalltag einbezogen. Dies geht mit der Idee einher, Kinder in ihrer Individualität wahrzunehmen.

Elaine Weitzman und Janice Greenberg (2008) unterstreichen, dass neben der Sprachpersönlichkeit eines Kindes immer auch die Situation selbst eine Rolle spielt. So ist für das Gesprächsverhalten eines Kindes neben seinem Temperament das Interesse am Gesprächsthema wichtig.

Gleichzeitig spielen die Gruppenkonstellationen und Sympathien eine Rolle. Manche Kinder sind einer pädagogischen Fachkraft gegenüber besonders sprachlich-aktiv, während sie mit der Kollegin kaum sprechen. Und ein Kind kann in der Großgruppe oder gegenüber Erwachsenen äußerst schüchtern und zurückhaltend sein und im Rahmen freundschaftlicher Peerkonstellationen sprachlich-aktiv. Folglich ist auch nicht davon auszugehen, dass sich ein Kind zuhause in der Familie genauso verhält wie in der Kindertageseinrichtung.

Kinder initiieren den Kontakt zu ihren Bezugspersonen nicht nur über Sprache. Es gilt, für die nonverbalen Signale von Kindern sensibel zu sein. Auch sie verraten uns, wenn ein Kind in Kontakt treten will.

Sensibel sein für die Dialoginitiativen der Kinder.

Kinder ...

- schauen uns mit erwartungsvollen Augen an
- ziehen uns an der Hose
- robben auf uns zu und erobern sich unseren Schoß
- lächeln uns an
- drücken uns etwas in die Hand
- zeigen auf einen Gegenstand in unserem Blickfeld
- hüpfen aufgeregt zu uns hoch

(Jampert u. a. 2011, S. 29)

Folgende Übung verdeutlicht im Anschluss an die Plenumseinheit, dass die Verteilung der Aufmerksamkeit im pädagogischen Gruppenalltag nicht nur eine Haltungsfrage ist, sondern vor allem auch mit der Wahrnehmung von Kindern zu tun hat.

Plenum	30 Minuten
	Die Übung ist als Bewegungsübung gestaltet. Es bietet sich deshalb auch an, für diese 30-minütige Einheit den Seminarraum zu verlassen und die Übung in einer Turnhalle oder im Außengelände durchzuführen. Die Gesamtgruppe bildet einen großen Kreis. Alle Teilnehmer*innen erhalten einen Zettel mit einer der folgenden Regieanweisungen, die sie ihren Nachbar*innen nicht zeigen dürfen. • Zwinkern Sie alle paar Sekunden mit den Augen. • Streichen Sie sich alle paar Sekunden durch die Haare. • Winken Sie alle paar Sekunden. • Überkreuzen Sie alle paar Minuten die Füße. • Sagen Sie alle paar Sekunden „Hallo". • Gähnen Sie alle paar Sekunden. • Ziehen Sie sich alle paar Sekunden am rechten Ohrläppchen. • Lächeln Sie alle paar Sekunden. • Räuspern Sie sich alle paar Sekunden. • Zeigen Sie alle paar Sekunden auf Ihr Gegenüber. • Setzen Sie sich alle paar Sekunden hin und stehen wieder auf. • Ziehen Sie alle paar Sekunden die Augenbrauen hoch. • Heben Sie alle paar Sekunden die Arme.

Plenum	
	Auf ein Kommando führen alle Teilnehmenden ihre Regieanweisung gleichzeitig für ca. 1 Minute durch. In Anschluss soll jede*r für sich zunächst überlegen, welche Verhaltensweisen während der eigenen Tätigkeit bei den Anderen beobachtet wurden. Dann wird darüber im Kreis gesprochen.
	Anschließend halbiert sich die Gruppe und bildet zwei Kreise. Die Zettel mit den Regieanweisungen werden getauscht, und auf ein Kommando werden die Handlungen erneut für ca. 1 Minute durchgeführt. Anschließend wird im jeweiligen Kreis wieder gemeinsam überlegt, welche Verhaltensweisen man bei den Anderen wahrgenommen hat.
	Die Gruppen werden solange halbiert und die Übung wiederholt, bis Kreise mit ca. 4 bis 5 Personen entstehen. Erst in dieser Konstellation ist davon auszugehen, dass man alle Verhaltensweisen in der Gruppe bewusst wahrnimmt.

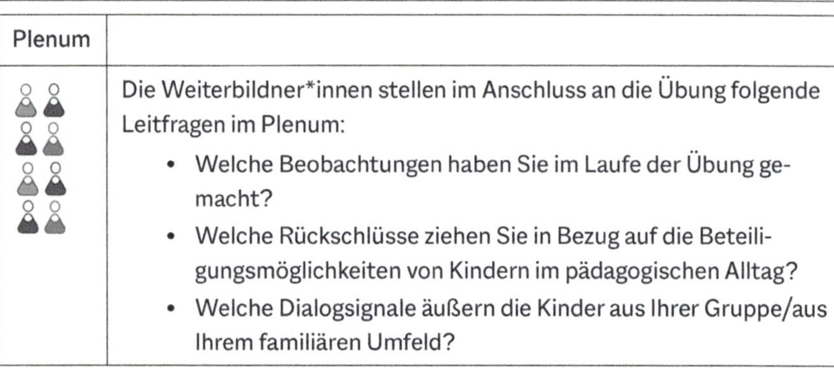

Plenum	
	Die Weiterbildner*innen stellen im Anschluss an die Übung folgende Leitfragen im Plenum: • Welche Beobachtungen haben Sie im Laufe der Übung gemacht? • Welche Rückschlüsse ziehen Sie in Bezug auf die Beteiligungsmöglichkeiten von Kindern im pädagogischen Alltag? • Welche Dialogsignale äußern die Kinder aus Ihrer Gruppe/aus Ihrem familiären Umfeld?

In der gemeinsamen Nachbereitung der Übung anhand der Leitfragen wird deutlich, dass auch die Gruppengröße der Kinder und die Anzahl der anwesenden pädagogischen Fachkräfte im pädagogischen Alltag eine große Rolle für die Beteiligungsmöglichkeiten spielen. So werden in der ersten Phase der Übung im großen Kreis nur wenige Verhaltensweisen der anderen Teilnehmer*innen wahrgenommen.

Viele Verhaltensweisen werden ausgeblendet oder nicht bewusst wahrgenommen. Besonders auffällig sind die lauten oder verhaltensauffälligen Teilnehmenden. Andere kleinere Äußerungen oder Verhaltensweisen bleiben unbemerkt. Mit dem Kleinerwerden der Gruppen wird auch die Sensibilität für die individuellen Teilnehmenden besser. Am stärksten gehen die Verhaltensweisen der Personen unter, die direkt neben der eigenen Person stehen.

Diese Ergebnisse lassen sich direkt in den pädagogischen Alltag von Kindertagesstätten übertragen. Es kann festgehalten werden, dass

- die Signale und Äußerungen von allen Kindern bewusst in den Blick genommen werden müssen, damit diese im pädagogischen Alltag wahrgenommen werden,
- die jeweiligen Sprachpersönlichkeiten aller Kinder reflektiert werden müssen, um sie individuell anzusprechen,
- die Wahrnehmung der pädagogischen Fachkräfte bezüglich ihrer Aufmerksamkeitsverteilung bewusst geschult werden muss und
- die Gruppengröße und der Fachkraft-Kind-Schlüssel eine große Rolle dafür spielten, ob alle Kinder wahrgenommen und beteiligt werden.

Nach der Vorstellung der kindlichen Sprachpersönlichkeiten leiten wir deshalb in eine Arbeitsphase in Kleingruppen über.

Kleingruppe	30 Minuten
	Die pädagogischen Fachkräfte, die in einer Gruppe arbeiten oder einen gemeinsamen Arbeitsbezug haben, setzen sich hierfür in den Räumen zusammen, in denen sie tagtäglich mit den Kindern arbeiten. Dies kann ganz konkret dadurch erfolgen, dass man sich an den Fotos der Kinder, die in der Gruppe zu sehen sind, entlang arbeitet.
	Folgende weitere Gruppen werden gebildet: • die nichtpädagogischen Mitarbeiter*innen, • die Eltern, • die Fachberatung und Trägervertreter*innen
	Die Weiterbildner*innen begleiten diese Übung bewusst nicht, sondern lassen die Gruppen für sich reflektieren.

Plenum	30 Minuten
	In der gemeinsamen Reflexion im Plenum werden dann die Ergebnisse der unterschiedlichen Gruppen zusammengetragen. Dabei werden Gemeinsamkeiten und Unterschiede am Flipchart visualisiert.
	Für die Weiterbilder*innen ist es wichtig herauszuarbeiten, dass sich das kommunikative Verhalten von Kindern auch von Situation zu Situation und bei unterschiedlichen Dialogpartner*innen verändern kann. Ein Kind, dass im Morgenkreis introvertiert ist, wird vielleicht in der anschließenden Freispielzeit deutlich aktiver mit seinen Freund*innen spielen.

Es zeigt sich unserer Erfahrung nach, dass in den Arbeitsgruppen meist schon eine Tendenz deutlich wird, welche Kinder besonders viel und welche Kinder besonders wenig Aufmerksamkeit von den pädagogischen Fachkräften erhalten. Die nichtpädagogischen Team-Mitglieder entdecken meist, dass sie die Kinder mit einer sprachlich-aktiven Sprachpersönlichkeit besonders gut kennen, da diese von sich aus auf sie zukommen. Auch Eltern, Fachberatung und Trägervertreter*innen berichten, dass sie mit sprachlich-aktiven Sprachpersönlichkeiten die intensivsten Kontakte pflegen.

Das Handout „kindliche Sprachpersönlichkeiten im pädagogischen Alltag" unterstützt die Teilnehmenden dabei, Kinder aus ihrem (Arbeits-)Umfeld individuell in den Blick zu nehmen:

Kindliche Spachpersönlichkeiten	1. **Sprachlich aktiv**: initiiert Dialoge von sich aus und reagiert auf Initiativen anderer 2. **Reagierend:** reagiert hauptsächlich auf Initiativen anderer 3. **Introvertiert:** initiiert und reagiert nur selten 4. **Eigene Ziele:** verfolgt eigene Ideen und reagiert selten auf Initiativen anderer
Reflexion im pädagogischen Team	Gibt es Kinder in unserer Gruppe/Einrichtung, mit denen wir besonders viel kommunizieren? Welche Sprachpersönlichkeit zeigen sie? Gibt es Kinder in unserer Gruppe/Einrichtung, mit denen wir kaum kommunizieren? Welche Sprachpersönlichkeit zeigen sie?

Für die drei weiteren Teilnehmer*innengruppen haben wir je individuelle Fragestellungen im Handout „Sprachpersönlichkeiten in verschiedenen Kontexten reflektieren“ entwickelt:

Reflexion im nichtpädagogischen Team	Mit welchen Kindern in unserer Einrichtung stehen wir besonders häufig im Kontakt? Welche Sprachpersönlichkeit zeigen sie?
Reflexion unter Eltern	Welche Sprachpersönlichkeit zeigen unsere eigenen Kinder? Mit welchen Freund*innen meiner Kinder bin ich besonders häufig im Kontakt? Welche Sprachpersönlichkeit zeigen sie? Mit welchen Kindern bin ich während der Bring- und Holsituation in der Kindertageseinrichtung häufig im Kontakt? Welche Sprachpersönlichkeit zeigen sie?
Reflexion für Fachberatung/ Träger	Mit welchen Personen aus unserem beruflichen und privaten Umfeld sind wir besonders schnell im Kontakt? Welche Sprachpersönlichkeit zeigen sie?

Diese erste Analyse soll nun in der anschließenden halbjährigen Erkundungsphase vertieft werden. Hierzu haben wir folgende Reflexionsaufgabe entwickelt.

Bitte halten Sie im Kompetenztagebuch in den kommenden fünf Wochen Beobachtungen fest, die Ihnen Hinweise auf die kindlichen Sprachpersönlichkeiten in Ihrer Einrichtung geben. Lassen Sie sich von den Fragen im Reflexionsbogen „kindliche Sprachpersönlichkeiten" anregen. Mit welchen Kindern kommunizieren Sie besonders viel oder besonders wenig? Welche Sprachpersönlichkeiten zeigen diese Kinder?

*Als **pädagogische Fachkraft** notieren Sie sich außerdem, in welchen Situationen und mit welchen Gesprächspartner*innen bei einem Kind in Ihrer Gruppe eine bestimmte Sprachpersönlichkeit sichtbar wird.*

Tauschen Sie sich über Ihre Beobachtungen in einem Zweiergespräch mit Ihrem „kritischen Freund" bzw. Ihrer „kritischen Freundin" aus und halten Sie diese Erkenntnisse wiederum in Ihrem Kompetenztagebuch fest.

*Als **pädagogische Fachkraft** tauschen Sie sich bitte zusätzlich mit Ihren Kolleg*innen aus der Gruppe aus. Überlegen Sie hierbei zusammen, mit welchen Kindern Sie in einem intensiven Kontakt stehen und welchen Kindern aus der Gruppe Sie mehr Aufmerksamkeit schenken wollen.*

Suchen Sie weitere fünf Wochen nach Hinweisen zu den unterschiedlichen Sprachpersönlichkeiten, die Sie bei den Kindern ausmachen können. Notieren Sie eine besonders beispielhafte Situation zwischen Ihnen und Kindern, in denen Sie diesen besonders viel bzw. wenig Aufmerksamkeit schenken.

*Als **pädagogische Fachkräfte** setzen Sie sich bitte zusammen und überlegen Sie, welche Veränderungen Sie in der Gestaltung der Dialogkultur mit und unter den Kindern in Bezug auf die kindlichen Sprachpersönlichkeiten in Ihrer Gruppe vornehmen wollen. Wie sichern Sie die aktive Teilhabe aller Kinder am pädagogischen Alltag?*

Bitte halten Sie im Kompetenztagebuch in den kommenden fünf Wochen Beobachtungen fest, die Ihnen Hinweise auf die Veränderungen der Dialogkultur in Ihrer Gruppe geben. Hierzu können Sie bestimmte Kinder besonders in den Blick nehmen, von denen Sie glauben, dass sie von den Veränderungen besonders profitieren werden. Lassen Sie sich von den Fragen im Reflexionsbogen „kindliche Sprachpersönlichkeiten" anregen. Mit welchen Kindern kommunizieren Sie besonders viel oder besonders wenig? Welche Veränderungen im Gesprächsverhalten zeigen sich bei den Kindern?

Tauschen Sie sich über Ihre Beobachtungen in einem Zweiergespräch mit Ihrer „kritischen Freundin" bzw. ihrem „kritischen Freund" aus und halten Sie diese Erkenntnisse in Ihrem Kompetenztagebuch fest. Notieren Sie eine besonders beispielhafte Situation in Ihrem Kompetenztagebuch, die für diesen Veränderungsprozess steht. Fassen Sie bitte anschließend jeweils Ihre zentrale Erkenntnis in einem einzigen Satz zusammen. Bringen Sie diese Reflexion in Ihrem Kompetenztagebuch bitte zum nächsten Qualifizierungstag mit, damit wir Ihre Erkenntnisse gemeinsam reflektieren können. Schreiben Sie dazu Ihren Beispielsatz auf ein Din-A4-Blatt.

*Als **pädagogische Fachkraft** verständigen Sie sich bitte zusätzlich mit Ihren Kolleg*innen aus der Gruppe. Überlegen Sie hierbei zusammen, welche Veränderungen sich in der Dialogkultur ergeben haben.*

Zur Analyse der Sprachpersönlichkeiten in einer Gruppe oder in einer Einrichtung können unterschiedliche Situationen und auch einzelne Kinder in den Blick genommen werden. Hierfür haben wir einen Reflexionsbogen entwickelt, mit dem die Rahmendaten zur Beobachtungssituation festhalten werden können. Im zweiten Teil finden sich unterstützende Leitfragen für die Beobachtung einzelner Kinder.

Beobachtung unterschiedlicher Situationen	Bitte machen Sie für jede Beobachtung folgende Angaben: • Situation/Aktivität: • Beteiligte Fachkräfte: • Beteiligte Kinder und ihre Sprachpersönlichkeiten • Besonderheiten

Beobachtung einzelner Kinder	Name/Alter/Geschlecht/Sprachen des Kindes: ▪ Mit welchen pädagogischen Fachkräften kommuniziert das Kind am meisten? ▪ In welchen Situationen im pädagogischen Alltag ist es sprachlich am aktivsten und kommuniziert gerne mit pädagogischen Fachkräften? ▪ In welchen Situationen im pädagogischen Alltag ist es sprachlich zurückhaltend und kommuniziert nicht gerne mit pädagogischen Fachkräften? ▪ Mit welchen Kindern kommuniziert das Kind am meisten? ▪ In welchen Situationen kommuniziert das Kind am meisten mit anderen Kindern? ▪ In welchen Situationen kommuniziert das Kind am wenigsten mit anderen Kindern? ▪ Fazit: Folgende Personen, Situationen und Aktivitäten sind für die Interaktionen des Kindes unterstützend:

Der Reflexionsbogen unterstützt die Teilnehmenden dabei, die Verhaltensweisen unterschiedlicher Kinder genau und systematisch in den Blick zu nehmen. Dadurch kann für jedes Kind in der Einrichtung analysiert werden, in welchen Situationen und mit welchen Gesprächspartner*innen es besonders aktiv in den pädagogischen Alltag einer Kindertageseinrichtung eingebunden ist.

Es zeigt sich dadurch, welche Aspekte für ein Kind besonders unterstützend sind. Und gleichzeitig wird auch deutlich, welche Kinder nicht ausreichend am Geschehen partizipieren können.

In einem zweiten Schritt wird der *pädagogische Umgang* mit den verschiedenen Sprachpersönlichkeiten genauer beobachtet. Hierbei betrachten die einzelnen Teilnehmer*innen während der Praxisphase ihre eigene Aufmerksamkeitsausrichtung und tauschen sich im Team aus. Folgende Leitfragen haben wir dafür entwickelt:

Meine Reflexion: Wem schenke ich meine Aufmerksamkeit?	Gibt es Kinder in meiner Gruppe, mit denen ich besonders viel kommuniziere? Welche Sprachpersönlichkeit zeigen sie? Gibt es Kinder in meiner Gruppe/Einrichtung, mit denen ich kaum kommuniziere? Welche Sprachpersönlichkeit zeigen sie?
Teamreflexion: Wem schenken wir besonders viel/wenig Aufmerksamkeit?	Welche Kinder sind regelmäßig im intensiven Kontakt mit uns? Gibt es Kinder, denen wir mehr Aufmerksamkeit schenken wollen? Welche Veränderungen wollen wir in unserer Gruppenkultur vornehmen?

Die Teilnehmenden halten ihre Beobachtungen in ihrem Kompetenztagebuch fest und verwenden ihre Notizen für den Austausch mit ihrer „kritischen Freundin" bzw. ihrem „kritischem Freund" und den Kolleg*innen im Team.

Durch die Beispielsätze der Teilnehmer*innen werden die zentralen Erkenntnisse zu den Veränderungen in der Aufmerksamkeitsverteilung festgehalten. Sie bilden die Grundlage für den gemeinsamen Austausch über die Veränderungen während der Praxisphase.

Für die Nachbereitung sind insgesamt 60 Minuten vorgesehen. Die Blätter mit den Beispielsätzen werden hierzu zu Beginn der Einheit in einer Box eingesammelt. Im Anschluss werden im Lotterieverfahren einzelne Sätze aus der Box gezogen und laut vorgelesen. Die Person, von der der jeweilige Satz stammt, erzählt nun etwas zu ihrer Erkenntnis.

Auf dem dritten Qualifizierungstag werden die Beobachtungen und Erkenntnisse dann gemeinsam mit den Weiterbilder*innen reflektiert.

Ein Beispielsatz und seine Geschichte: **War sie denn überhaupt da?**

„Besonders schockiert waren wir, als wir in unserer Gruppenreflexion zu den Sprachpersönlichkeiten bemerkt haben, dass wir ein Mädchen in der Gruppe haben - Valerie, 2 Jahre und 6 Monate alt, die wir im pädagogischen Alltag gar nicht bemerken. Wir mussten feststellen, dass keine von uns sagen konnte, was Valerie an diesem Tag, an dem wir zusammensaßen, gemacht hatte, mit wem sie gespielt oder kommuniziert hatte. Eine Kollegin fragte: War sie denn überhaupt da? Nach kurzem Überlegen bejahten wir die Frage, eine Kollegin erinnerte sich, dass sie eine Zeit auf dem Teppich saß und in einem Bilderbuch geblättert hatte. Im Anschluss an diese Reflexion haben wir Valerie bewusst in den Blick genommen. Dadurch sind uns erst die vielen Versuche aufgefallen, die sie unternimmt, um mit uns und den anderen Kindern in Kontakt zu kommen. Seitdem achten wir bewusst auf Valerie und gehen mit ihr in den Kontakt, wenn sie unsere Aufmerksamkeit sucht. Gleichzeitig unterstützen wie sie mit den anderen Kindern ins Spiel zu kommen.

Die Weiterbildner*innen begleiten diesen Austausch, indem wir den Erkenntnisgewinn aller Teilnehmenden nochmals kurz zusammenfassen und auf die Inhalte des letzten Qualifizierungstages rückbeziehen. Wir achten darauf, dass der Erkenntnisgewinn sich tatsächlich auch auf den Aspekt der Teilhabechancen von Kindern bezieht. Denn erfahrungsgemäß werden auch allgemeine Ergebnisse zur pädagogischen Arbeitsweise benannt. In diesem Fall weisen wir die Teilnehmer*innen noch einmal auf den Fokus der Reflexionsaufgabe hin. Neue Sätze können solange gezogen werden, bis der zeitlich vorgesehene Rahmen ausgefüllt ist.

Die Erfahrung in den Qualifizierungen zeigte, dass durch Reflexion des Umgangs mit den Sprachpersönlichkeiten bei den Teilnehmer*innen ein höheres Bewusstsein für die einzelnen Kinder entsteht.

Dies führte *erstens* zu der Erkenntnis, dass insbesondere „pflegeleichte" Kinder mit einer reagierenden oder introvertierten Sprachpersönlichkeit im Alltag mehr bewusste Zuwendung und Ansprache erhalten. Denn die Teams in den Kindertageseinrichtungen bemerkten, dass diese Kinder meist nicht genug Ansprache und Teilhabechancen erfahren haben. Das ist für viele der Teilnehmenden eine Überraschung gewesen, da man an diese Gruppe der Kinder beim Thema Inklusion gar nicht gedacht hat.

Durch die Erkundungsphase haben sich die Teilnehmenden stärker für die nonverbalen Signale von Kindern sensibilisiert. Das hat dazu geführt, dass die pädagogischen Fachkräfte ihre Aufmerksamkeit bewusster steuern. Sie lenken ihre Aufmerksamkeit auch mal von besonders sprachlich-aktiven Kindern weg und widmen sich Kindern mit einer zurückhaltenden oder introvertierten Sprachpersönlichkeit gezielt.

Folgende zusammenfassende Hinweise können im Rahmen der Reflexion durch die Weiterbildner*innen gegeben werden, um die Beteiligung zurückhaltender und introvertierter Kinder zu sichern:

- Pädagogische Fachkräfte sollten darauf achten, diesen Kindern durch bewusste körperliche Zuwendung, Blickkontakt und die eigene Sitzposition Aufmerksamkeit zu schenken.
- Pädagogische Fachkräfte können diese Kinder besonders gut involvieren, wenn sie das Interesse der Kinder aufgreifen. Auf körperliche Dialogsignale der Kindern können sie durch Nachahmung, Kommentare und Fragen reagieren.
- Bei der Gestaltung von Gruppensituationen sollte auf die Gruppenzusammensetzung geachtet werden, damit auch diese Kinder zu Wort kommen.

Sensibel sein für die Dialogsignale der Kinder

Paolo (1;6, portugiesisch-deutsch) folgt seiner Gruppenerzieherin einige Zeit quer durch die Kita. Im Flur angekommen, zieht er sie plötzlich an der Hose. Als sie sich zu ihm umdreht und ihn erwartungsvoll anblickt, streckt er ihr seine Hand entgegen und öffnet sie. Es kommt eine Muschel zum Vorschein. Die Erzieherin beugt sich zu Paolo hinunter und sagt bewundernd: „Das ist aber eine schöne Muschel! Wo hast du die denn her?“

(Jampert u. a. 2011, S. 29)

Durch die Reflexion der kindlichen Sprachpersönlichkeiten entstehen neue kommunikative Beziehungen, durch die auch Kinder mit zurückhaltendem und beobachtendem Verhalten die Möglichkeit erhalten, sich einzubringen und dabei ihre Fähigkeiten weiterzuentwickeln.

Wie wichtig die körpersprachliche Zuwendung der Bezugspersonen für Kinder ist, wird durch folgende Übung deutlich:
Bitten Sie die Teilnehmenden, sich einem Sitznachbarn oder einer Sitznachbarin zuzuwenden und sich tief in die Augen zu schauen. Der Blickkontakt darf nicht abgebrochen werden, während jede/r folgende Rechenaufgabe für sich löst, ohne zu sprechen:

1 + 2 x 4 + 7 - 2 x 14 = 238

Dabei wird deutlich, wie schwierig es ist, sich auf etwas anderes zu konzentrieren, wenn wir im intensiven Blickkontakt sind. Er ist ein Zeichen für echte Zuwendung und dafür, dass ich meinem Gegenüber die volle Aufmerksamkeit schenke.

Neben der Sensibilisierung für die kindlichen Gesprächssignale kann deshalb auch das eigene nonverbale Gesprächsverhalten reflektiert werden. Für Bezugspersonen von Kindern ist es deshalb wichtig, zu überprüfen, ob sie

- mit Kindern Blickkontakt halten und diesen aufrechterhalten, auch wenn sie durch etwas abgelenkt werden,
- auf Augenhöhe kommunizieren und sich auf die selbe Ebene zu dem Kind begeben (durch Hinsetzen, Hocken, etc.),
- eine zugewandte Körperhaltung haben und sich nicht während eines Gesprächs wegdrehen oder abwenden.

Durch diese zugewandte Haltung erfahren Kinder Wertschätzung und Interesse und gehen stärker in den Dialog mit ihren Bezugspersonen. Besonders Kinder mit einer zurückhaltenden und introvertierten Sprachpersönlichkeit profitieren von dieser Art der bewussten, körpersprachlichen Zuwendung.
Auch die Sitzposition in der Kindergruppe kann entscheidend sein: Das Kind, das mir gegenübersitzt wird in der Regel mehr Kontakt mit mir haben als die Kinder neben mir. Pädagogische Fachkräfte können also im Alltag bewusst darauf achten, wo sie sich hinsetzen.

Eine *zweite* Erkenntnis aus der Beobachtung und Reflexion der kindlichen Sprachpersönlichkeiten war, dass Kinder mit eigenen Zielen oft zu viel negative Aufmerksamkeit erhalten. Sie werden zwar häufig angesprochen, dann meist aber, um sie zu reglementieren und in die Aktivitäten (wie den Stuhlkreis) wieder hineinzuzwingen.

In diesem Zusammenhang ist in der gemeinsamen Nachreflexion eine rege Diskussion über das Thema „Angebotszwang" entstanden. Ein Ergebnis war, das Kinder mit eigenen Zielen möglichst viele Freiräume brauchen. Darüber hinaus hat jedes Kind das Recht auf selbstbestimmtes Spielen. Das bedeutet, Freiräume für Kinder zu schaffen, in denen sie selbst bestimmen können, was sie tun und mit wem sie es tun. Und das kann auch heißen, den Morgenkreis frühzeitig zu verlassen oder gar nicht erst teilzunehmen oder einfach für sich zu spielen. Folglich sollten sich Einrichtungen von einem Angebotszwang verabschieden, der Kindern vorgibt, wann sie etwas zu machen oder zu sagen haben.

Kinder mit eigenen Zielen werden nach unserem Ansatz mit ihren Ideen in den Mittelpunkt gestellt und können sich dann leichter in das Spiel anderer Kinder integrieren. Denn es geht bewusst darum, an der kindlichen Sprachpersönlichkeit eines Kindes anzusetzen.

Kinder mit eigenen Zielen benötigen ein Umfeld, dass ihre Sprachpersönlichkeit anerkennt und dem Kind Freiräume für seine Ideen und Themen schafft. Kinder mit eigenen Zielen werden in manchen Kindertageseinrichtungen fälschlicherweise als verhaltensauffällig bezeichnet. Das mag daran liegen, dass sie die Handlungsabläufe in der Kindertageseinrichtung und die pädagogischen Angebote nicht so einfach annehmen, wenn sie sich nicht dafür interessieren oder diese nicht ihren Bedürfnissen entsprechen. Sie schaffen sich damit selbst ihr Lernumfeld. Denn wir wissen aus der Forschung:

> *„Die Bereiche, mit denen sich Kinder von sich aus intensiv auseinandersetzen, bieten ein wesentlich größeres Potenzial für die kindliche Entwicklung, als wenn die erwachsenen Dialogpartner und -partnerinnen versuchen, eine neue Tätigkeit oder ein Thema ins Spiel zu bringen und so die Aufmerksamkeit weg vom kindlichen Interesse steuern" (Weitzman & Greenberg 2008, S. 76).*

Eine Erfahrung aus der Praxis

Max ist ein vierjähriger Junge in unserer Einrichtung, der sich nicht gerne an unseren Angeboten beteiligt. Im Morgenkreis springt er meist nach ein paar Minuten auf und beginnt, für sich zuspielen. Er tut sich schwer, sich den Spielideen anderer Kinder anzuschließen. Er verfolgt eigene Ziele. Während der Reflexion der Sprachpersönlichkeiten haben wir überlegt, wie wir Max ohne Zwang beteiligen können. Sein Vater ist Bauarbeiter und Max interessiert sich sehr für das Thema Baustelle. Deshalb haben wir einen Katalog mit Baustellenfahrzeugen eines bekannten Herstellers bestellt. Im Morgenkreis haben wir Max zum Experten erklärt und er hat allen Kindern erzählt, was man mit den Fahrzeugen alles machen kann. So aktiv hatten wir ihn noch nie erlebt. In einer Kleingruppe mit ausgewählten Freunden haben wir den Katalog dann weiter angeschaut. Max war mit Feuer und Flamme dabei.

Ein Kind wie Max wird aufspringen und sich vom Acker machen, wenn im Morgenkreis der Redestein mal wieder seit 10 Minuten kreist, während andere Kinder vielleicht dieses Morgenritual lieben und es kaum erwarten können. Ist Max deshalb ein problematisches Kind? Aus inklusiver Perspektive muss man diese Frage ganz klar mit Nein beantworten. Und sich dann im zweiten Schritt überlegen, über welche Themen und Aktionen man Max an bestimmten Stellen einbinden kann.

Durch die Reflexion der Erkundungsphase wurde *drittens* deutlich, dass auch sprachlich-aktive Kinder genügend Aufmerksamkeit brauchen. Die Verteilung der Aufmerksamkeit erfordert zwar auch, sich bewusst einmal von einem Kind abzuwenden, um sich einem anderen Kind zuzuwenden. So gibt es vielleicht Kinder in der Gruppe, die es gewöhnt sind, viel Aufmerksamkeit von den pädagogischen Fachkräften zu erhalten. Für diese kann es zunächst herausfordernd sein, wenn das Team seine Aufmerksamkeit neu verteilt. Hier ist darauf zu achten, dass diese Kinder nun nicht vergessen werden, weil alle Aufmerksamkeit auf die schüchternen und zurückhaltenden Kinder gelenkt wird.

Entscheidend für die Frage der Teilhabe ist zu erkennen, welche Kinder Unterstützung dabei brauchen, an den kommunikativen Prozessen mit pädagogischen Fachkräften und anderen Kinder teilzunehmen. Und in einem zweiten Schritt diese Unterstützung durch die Aufmerksamkeit und Zuwendung anzubieten.

Selbstverständlich gibt es aber auch Kinder, die gerne für sich alleine spielen und den Kontakt zu anderen nicht so stark suchen. Auch diesem Bedürfnis sollte im pädagogischen Alltag einer Kindertageseinrichtung Raum gegeben werden.

Praxistipp

Die Zusammensetzung einer Kindergruppe kann ganz entscheidend für die Teilhabechancen von einzelnen Kindern sein. Vielleicht profitiert ein schüchternes Kind gerade davon, dass Sie in einer Kleingruppenaktivität die sprachlich-aktiven Kinder mal außen vor lassen.

Auch Freundschaften gilt es zu berücksichtigen und zu stärken: Mit welchen Spielkamerad*innen taut ein Kinder besonders auf?

Die Reflexion der Sprachpersönlichkeiten hat unsere Teilnehmer*innen darin unterstützt, sensibler gegenüber den Sprachpersönlichkeiten und Dialoginitiativen von Kindern zu werden. Das hat dazu geführt, dass die pädagogischen Fachkräfte ihre Aufmerksamkeit im Gruppenalltag bewusster verteilen. Und auch die nicht-pädagogischen Mitarbeiter*innen gehen nun bewusster auf bestimmte Kinder zu. Die teilnehmenden Eltern haben ein Verständnis für die Sprachpersönlichkeiten ihrer Kinder entwickelt. Sie verstehen dadurch, warum ihre Kinder sich in verschiedenen Situationen unterschiedlich verhalten.

Im Rahmen der Abschlussreflexion kann das Ziel der Erprobungsphase noch einmal herausgearbeitet werden: Ziel ist es, die Situationen, Themen und Beziehungskonstellationen zu erkennen, in denen ein Kind sich besonders wohlfühlt und involviert ist. Diese sind dann die Basis dafür, die Erfahrungsräume des Kindes zu erweitern. In Kindertageseinrichtungen, die inklusiv arbeiten, werden dadurch die individuellen Sprachpersönlichkeiten und Beteiligungschancen aller Kinder reflektiert und gewährleistet. Der Blick wendet sich dabei weg vom nicht kommunizierenden Kind hin zu der Frage der pädagogischen Aktivierung aller Kinder.

Diese Blickschule auf Kinder und ihre Beteiligungsmöglichkeiten muss nachhaltig im Team verankert werden. Denn wie wir aus der Sensibilisierungsübung zu den kindlichen Signalen wissen, geht es um Wahrnehmung. Alle Kinder im Blick zu haben, bedeutet also, Kinder regelmäßig in ihrer Sprachpersönlichkeit zu betrachten und die Aufmerksamkeitsverteilung im Team zu überprüfen.

2.2.4 Literatur

Jampert, Karin/Thanner, Verena/Schattel, Diana/Sens, Andrea/Best, Pertra/Laier, Mechthild (2011): Die Sprache der Jüngsten entdecken und begleiten. Weimar/Berlin: Verlag das netz

Lingenauber, Sabine (2008): Übergang Kindertageseinrichtung/Grundschule. In: Lingenauber, Sabine (Hrsg.): Handlexikon der Integrationspädagogik (Band 1: Kindertageseinrichtungen). Bochum/Freiburg: projektverlag, S. 198–203

Lingenauber, Sabine/Niebelschütz, Janina L. von (2015a): Inklusion im Kindergarten. Einblicke in ein erfolgreiches Konzept. (DVD) Weimar: verlag das netz

Lingenauber, Sabine/Niebelschütz, Janina L. von (2015b): Inklusion im Kindergarten. Einblicke in ein erfolgreiches Konzept. (Booklet) Weimar: verlag das netz

Lingenauber, Sabine/Niebelschütz Janina L. von (2012): Eltern als Gestalter des Übergangs Kindertageseinrichtung – Grundschule. In: Hess, Simone (Hrsg.): Grundwissen Zusammenarbeit mit Eltern in Kindertageseinrichtungen und Familienzentren. Berlin: Cornelsen Verlag, S. 141–159

Vandenbussche, Els/Laevers, Ferre (2009): Beobachtung und Begleitung von Kindern. Arbeitsbuch zur Leuvener Engagiertheits-Skala. Erkelenz: Berufskolleg

Weitzman, Elaine/Greenberg, Janice (2008): Learning Language and loving it. A Guide to Promoting Childrens Language. Toronto: The Hanen Centre

Weitzman, Elaine/Girolametto, Luigi/Greenberg, Janice (2006): Adult responsiveness as a critical intervention mechanism for emergent literacy: Strategies for Preschool Educators. In: Justice, Laura (Hrsg.): Clinical Approaches to Emergent Literacy Intervention. San Diego. CA: Plural Publishing, S. 127–178

2.3 Inklusive Praxis entwickeln

Der dritte Qualifizierungstag nimmt die Entwicklung einer inklusiven Praxis in den Blick.

2.3.1 Einleitung

Inklusion ist unserem Verständnis nach untrennbar mit Partizipation verbunden (Lingenauber u. a. 2017, S. 24). Partizipation trägt wesentlich zur Entstehung von Gemeinschaft und zur Steigerung der Qualität pädagogischer Praxis bei. Die Aufgabe der pädagogischen Fachkräfte ist es, vielfältige Partizipationsformen durch gezielte „Interaktion und Kooperation" (Kron 2013) zu ermöglichen und zu unterstützen. Das setzt voraus, unterschiedliche Erscheinungsweisen von Interaktionen

- in ihrer Vielfalt *wahrzunehmen* und in ihren „Bedeutungen" zu *verstehen* sowie diese
- zu *ermöglichen* und zu *gestalten* (vgl. Lingenauber u. a. 2017, S. 34).

Die „Theorie der integrativen Prozesse" (Klein u. a. 1987) unterscheidet insgesamt fünf Erscheinungsweisen von Interaktionen, und zwar sowohl zwischen Kindern als auch zwischen Kindern und Pädagog*innen. Sie dient in der Qualifizierung als theoretischer Bezugspunkt. Die Auseinandersetzung mit den „integrativen Prozessen" erfolgt in zwei Schritten:

1. In einem ersten Schritt führen die Moderator*innen in die „Theorie der integrativen Prozesse" ein. Diese *theoretische* Auseinandersetzung zielt darauf, die Teilnehmer*innen für die Wahrnehmung unterschiedlicher Interaktionsweisen zu sensibilisieren und ein Verständnis der „Bedeutungen" zu entwickeln (siehe 2.3.2).
2. In einem zweiten Schritt analysieren die Teilnehmer*innen eine beispielhafte Interaktionsszene aus dem Film „Inklusion im Kindergarten". Ziel dieser *praktischen* Auseinandersetzung ist es, die Rolle der Pädagog*innen in der Gestaltung und Unterstützung integrativer Prozesse beispielhaft nachzuvollziehen (siehe 2.3.3).

Beide Schritte umfassen jeweils eine Seminareinheit, die beide in den folgenden Kapiteln vorgestellt werden.

2.3.2 Interaktionsprozesse in Kindertageseinrichtungen wahrnehmen und verstehen

Die insgesamt 90-minütige Seminareinheit beinhaltet theoretische Impulse durch die Moderator*innen, einen angeleiteten Austausch der Teilnehmer*innen in Kleingruppen und im Plenum.

Die didaktische Gestaltung dieser Einheit sieht vor, dass die Teilnehmer*innen an Gruppentischen zu je 5 Personen sitzen. Die Moderator*innen regen die pädagogischen Fachkräfte, die nichtpädagogischen Mitarbeiter*innen, die Eltern und die Trägervertreter*innen hierbei an, sich in gemischten Kleingruppen zusammenzufinden.
Mit jeder der fünf Interaktionsweisen erfolgt eine Auseinandersetzung in drei Schritten:

1. der theoretischen Einführung einer Interaktionsweise durch die Moderator*innen anhand einer Power-Point-Folie (ca. 5 Minuten),
2. dem anschließenden Austausch der Teilnehmer*innen an Gruppentischen zu ihren Praxiserfahrungen mit der eingeführten Interaktionsweise (ca. 5 Minuten),
3. der exemplarischen Vorstellung eines Praxisbeispiels pro Gruppentisch im Plenum (ca. 5 Minuten).

Für den zweiten Schritt, also den Austausch der Teilnehmer*innen an den Gruppentischen, ist die folgende Aufgabe leitend:

Erinnern Sie sich an eine Alltagssituation in den vergangenen Wochen, in der Sie diese Interaktionsweise beobachten konnten.
Tauschen Sie sich anschließend an Ihrem Gruppentisch über Ihre Beispiele aus.
Sollten Sie über kein eigenes Beispiel verfügen, können Sie auch ein Beispiel aus dem Film „Inklusion im Kindergarten - Einblicke in ein erfolgreiches Konzept“ einbringen.

Die Moderator*innen weisen die Teilnehmer*innen zu Beginn der theoretischen Einführung darauf hin, dass die vorgestellten Erscheinungsweisen der Interaktionen (z. B. Nebeneinander/Nichtbefassen) nicht als chronologische Abfolge oder als qualitative Stufung zu verstehen sind (vgl. Klein u. a. 1987, S. 142).

Nebeneinander/Nichtbefassen

Die Erscheinungsweise „Nebeneinander/Nichtbefassen“ bezeichnet Interaktionen zwischen Kindern, in denen kein sichtbares „Sich-miteinander-Befassen“ zu beobachten ist.
Beispielsweise könne sich Kinder in unverbindliche Nähe zueinander begeben und versuchen dabei Nähe „auszuhalten“ (vgl. a. a. O., S. 143 ff.).

Im Plenum ermöglicht das folgende Beispiel einen konkreten Praxisbezug:

„Kürzlich beobachtete ich drei Jungen beim gleichzeitigen Spielen auf dem Bauteppich. Zwei der Jungen spielten offensichtlich miteinander. Der dritte Junge spielte alleine. Er ist erst seit ein paar Wochen in der Gruppe. Aufgrund seines starken Speichelflusses haben Kinder sich bislang eher von ihm distanziert. Während des gleichzeitigen Spiels auf dem Bauteppich befanden sich die drei Jungen über längere Zeit in unmittelbarer Nähe zueinander.“

Dieses Beispiel hebt die Bedeutung des „Nebeneinanders“ von Kindern in der Entwicklung von Akzeptanz für „Anderssein“ hervor.

Bezugnahme auf emotional-kognitiver Ebene

Die Erscheinungsweise „Bezugnahme auf emotional-kognitiver Ebene“ umschreibt Interaktionen, in denen Kinder sich über andere Kinder äußern oder deren Verhaltensweisen nachahmen, ohne dass eine sichtbare Aktivität zwischen ihnen entsteht.

Beispielsweise suchen Kinder nach Erklärungsversuchen bezüglich des „Andersseins“ eines anderen Kindes (eher kognitiv). Es erfolgt ein Ausprobieren und Nachahmen von Verhaltensweisen eines Kindes, ohne ihm körperlich oder räumlich nahe sein zu müssen (eher emotional) (vgl. a. a. O., S. 149 ff.).

Im Plenum ermöglicht das folgende Beispiel einen konkreten Praxisbezug:

„In unserer Kindergartengruppe ist seit Kurzem ein Kind, das mit den anderen Kindern nicht verbal spricht, sondern lautiert. Wir Erzieherinnen wurden in den vergangenen Tagen immer wieder von den Kindern gefragt, warum das Kind nicht spricht. Außerdem konnten wir beobachten, dass einzelne Kinder das Lautieren nachahmen.“

Die Reflexion dieses Beispiels verdeutlicht zweierlei:

1. Die Kinder setzen sich durch die Imitation mit einer für sie ungewohnten Verhaltensweise auseinander.
2. Sie suchen unter Umständen nach einer Erklärung mithilfe der Erzieherin.

Die Erzieherin sollte also die Imitation als Wunsch für eine Auseinandersetzung mit dem „Anderssein" eines Kindes verstehen. So kann auch der Gefahr entgegengewirkt werden, die Imitation falsch zu verstehen, als ein „Sich-lustig-Machen" über das Kind.

Einseitige Kontaktaufnahme

Die Erscheinungsweise „Einseitige Kontaktaufnahme" bezeichnet eine Interaktionsweise, bei der Kinder zu anderen Kindern in Kontakt treten, ohne dass dabei eine gemeinsame Aktivität entsteht.

Zum Beispiel stellt ein Kind Kontakt zu einem anderen Kind her durch

- „zuwendende emotionale Impulse", wie streicheln oder küssen,
- „Versorgen" eines Kindes durch Füttern oder Trösten,
- „abweisende emotionale Impulse" wie Beißen, Schubsen, Gebautes Umwerfen (vgl. a. a. O., S. 161 ff.).

Im Plenum ermöglicht das folgende Beispiel einen konkreten Praxisbezug:

„Wir haben in unserer Gruppe derzeit ein Kind, das andere Kinder immer mal wieder kneift. Es gab schon Äußerungen, dass das Kind aggressiv sei. Bei ihm wurde kürzlich ‚frühkindlicher Autismus' diagnostiziert. Im Austausch ist gerade deutlich geworden, dass dieses Kind vermutlich versucht, mit anderen Kindern Kontakt aufzunehmen, aber derzeit über keine anderen Möglichkeiten als das Kneifen verfügt."

Es wird zum einen deutlich, dass eine einseitige Kontaktaufnahme vom kontaktierten Kind auch als störend oder verletztend erlebt werden kann und entsprechend mit Zurückweisung reagiert wird. Zum anderen ist die einseitige Kontaktaufnahme für einzelne Kinder eine entwicklungslogische Form der Interaktion, die nicht negativ bewertet werden sollte.

Komplexe Interaktionen

Die Erscheinungsweise „Komplexe Interaktionen" umschreibt Interaktionen mit zweiseitiger Bezugnahme, bei der also Kinder *mit*einander agieren. Dies kann sowohl personen- als auch sachorientiert, mit- oder gegeneinander geschehen:

- Annäherungen zwischen Kindern durch ein zufällig entstehendes Miteinander,
- Aufbau und Entwicklung von Beziehungen zwischen Kindern durch das Suchen und Geben von Zuwendung, Nähe und Zärtlichkeit,
- gemeinsame Aktivitäten auf der Basis eines gemeinsamen Interesses (vgl. a. a. O., S. 184 ff.).

Im Plenum ermöglicht das folgende Beispiel einen konkreten Praxisbezug:

„Der Film ‚Inklusion im Kindergarten' beinhaltet eine Szene, in der ein Junge gemeinsam mit Sanié, dem fast blinden Mädchen, auf einer breiten Rutsche rutscht. Die Erzieherin fragt vorher, wer mit Sanié rutschen will. Der Junge möchte, und die Erzieherin sagt ihm, wie er sich hinsetzen und wie er Sanié halten soll: Er nimmt Sanié zwischen seine Beine und umschlingt sie mit den Armen. Man sieht an der Mimik beider Kinder ihre Freude an dieser gemeinsamen Aktivität."

An diesem Beispiel wird die Bedeutung der *Pädagog*innen* und die Bedeutung der *Umgebung* für die Gestaltung komplexer Interaktionen zwischen Kindern deutlich: Durch ihre Frage regt die Erzieherin im Film die Kinder zum gemeinsamen Rutschen mit Sanié an. Gleichzeitig unterstützt sie den Jungen darin, mit Sanié eine gute Rutschposition einzunehmen. Die Breite der Rutsche ermöglicht diese gemeinsamen Aktivität erst.

Gemeinsame Aktivitäten mit der Erzieherin

Die Erscheinungsweise „Gemeinsame Aktivitäten mit der Erzieherin" benennt Interaktionen, in denen eine pädagogische Fachkraft eine tragende Rolle im Geschehen selbst übernimmt und nicht nur in der Vorbereitung:

- Kinder können durch die Pädagog*innen als Modell Möglichkeiten des „Umgangs" miteinander lernen.
- Sie können sich im Schutze der Pädagog*innen im „Umgang" mit anderen Kindern ausprobieren (vgl. a. a. O., S. 221 ff.).

Im Plenum ermöglichte dieser Beitrag einen konkreten Praxisbezug:

> *„Die Szene des gemeinsamen Rutschens im Film ‚Inklusion im Kindergarten' zeigt auch eine Interaktion, in der die Erzieherin eine tragende Rolle einnimmt. Die Szene beginnt damit, dass eine Erzieherin gemeinsam mit anderen Kindern und Sanié rutscht. Die Erzieherin macht auf diese Weise vor, wie Sanié beim Rutschen unterstützt werden muss. Die Kinder können genau beobachten, wie das Rutschen mit Sanié möglich ist."*

Das Beispiel macht Folgendes verständlich: In der Praxis kann eine Interaktionsszene mehrere Erscheinungsweisen der Interaktionen umfassen. Das gemeinsame Rutschen im Film beinhaltet sowohl „komplexe Interaktionen" zwischen Kindern als auch eine „gemeinsame Aktivität mit der Erzieherin". Die Rutsch-Szene veranschaulicht somit, wie die in der *Theorie* getrennten Interaktionsweisen in der *Praxis* eng miteinander verzahnt sind.

Die Seminareinheit verdeutlicht den Teilnehmer*innen Folgendes:

1. Die Interaktionsweisen „Nebeneinander/Nichtbefassen" und „einseitige Kontaktaufnahme" sind notwendig und gleichwertig bedeutsam für integrative Prozesse. Es gilt daher, das Augenmerk nicht nur auf „komplexe Interaktionen" unterschiedlicher Kinder zu richten (vgl. Lingenauber u. a. 2017, S. 34).
2. Die Pädagog*innen ermöglichen die Partizipation *sämtlicher* Kinder durch die Unterstützung und Gestaltung integrativer Prozesse (vgl. ebd.). Damit zusammen hängt die Wahrnehmung der verschiedenen Erscheinungsweisen der Interaktion in der Kindergruppe, das Schaffen von Möglichkeitsräumen für vielfältige Interaktionen und die aktive oder zurückhaltende Begleitung durch die Pädagog*innen.

Die Qualifizierung zeigt, dass die Teilnehmer*innen ihre Perspektive auf Interaktionen durch die Auseinandersetzung mit den integrativen Prozessen in Theorie und Praxis verändern und erweitern. Der Austausch auf der Basis konkreter Beispiele hilft dabei, die Vielfältigkeit der Erscheinungsweisen von Interaktionen und ihre Bedeutung zu erkennen.

2.3.3 Integrative Prozesse in Kindertageseinrichtungen ermöglichen und gestalten

In der folgenden Seminareinheit arbeiten wir erneut mit dem Film „Inklusion im Kindergarten – Einblicke in ein erfolgreiches Konzept" (Lingenauber/von Niebelschütz 2015a). Der Film macht integrative Prozesse zwischen Kindern und Pädagog*innen in vielfältigen Interaktionen sichtbar (Lingenauber u. a. 2017, S. 33).

Der Hauptfilm ist den Teilnehmer*innen bereits aus einer Seminareinheit des zweiten Qualifizierungstages bekannt (siehe Kapitel 2.2.2). Die DVD umfasst darüber hinaus filmisches Zusatzmaterial, das die Auseinandersetzung mit drei einzelnen Interaktionsszenen ermöglicht. Die Interaktionsszene „Gießen" setzen wir in der hier beschriebenen Seminareinheit des dritten Qualifizierungstages ein (vgl. Lingenauber/von Niebelschütz 2015a).

Die Moderator*innen leiten die Teilnehmer*innen gezielt an, die in dieser Szene dokumentierten Erscheinungsweisen der Interaktionen in den Blick zu nehmen. Die Szene umfasst Interaktionen zwischen Kindern, zwischen Kindern und Pädagoginnen sowie zwischen Pädagoginnen. Sie verdeutlicht die Bedeutung der Pädagoginnen für die Interaktionsprozesse der Kinder durch gezielte „Interaktion und Kooperation" (vgl. Kron 2013).

Die Szene „Gießen" zeigt mehrere Kinder und zwei Erzieherinnen beim gemeinsamen Gießen eines Hochbeetes in der Kindertageseinrichtung. Eines der Kinder ist das Mädchen Sanié. Sie kam in der 23. Schwangerschaftswoche mit einer an Blindheit grenzenden Sehbeeinträchtigung zur Welt. Mit der Unterstützung der Erzieherin steht sie aufrecht am Hochbeet. Neben ihr stehen Ben und ein weiteres Mädchen. Ben sucht häufig den Kontakt zu Sanié (siehe Seite 85). Die Interaktionen in dieser Szene lassen sich den folgenden „Ebenen professionellen Handelns" (siehe Seite 45) zuordnen:

- Kinder und Kinder (Ebene 5),
- Kinder und Pädagoginnen (Ebene 3) und
- Pädagoginnen und Pädagoginnen (Ebene 1).

Für die Weiterbildner*innen ist eine Vorbereitung auf diese Seminareinheit erforderlich. Sie sollten den Inhalt der Szene sehr gut kennen. Im Folgenden findet sich eine Beschreibung der Szene zur Vorbereitung auf die Seminareinheit.

Mehrere Kinder und zwei Erzieherinnen gehen zum Hochbeet im Garten der Kindertageseinrichtung.
Ben zeigt auf eine Elefantengießkanne.
Ben: „Die Gießkanne haben wir nur als Frosch. Nur als Frosch."
Eine dunkelblonde Erzieherin (1) und eine brünette Erzieherin (2) führen Sanié zum Beet. Jede hält Sanié dabei an einer Hand. Am Hochbeet stehen beide Erzieherinnen hinter Sanié. Die brünette Erzieherin (2) hält sie am Oberarm und der Hand aufrecht. Die dunkelblonde Erzieherin (1) nimmt zusammen mit Sanié eine Gießkanne in die Hand. Dazu umfasst sie mit ihrer linken Hand sowohl den Griff der Gießkanne als auch Saniés rechte Hand. Ben steht neben der dunkelblonden Erzieherin (1).
Erzieherin 1: „Also, was müssen wir da machen? Gießen. Dann gießen wir jetzt. Guck mal, Sanié, gieß mal hier ein bisschen Wasser rein.
Die dunkelblonde Erzieherin (1) lässt Saniés Hand und die Gießkanne los. Sanié hält den Hals der Gießkanne nach oben. Die dunkelblonde Erzieherin (1) umfasst Saniés Unterarm und führt ihn.
Erzieherin 1: „Guck mal, so. Prima. Magst du der Sanié helfen, Ben?"
Die dunkelblonde Erzieherin (1) lässt Saniés Arm los und tritt einen Schritt zurück.
Erzieherin 1: „Jetzt kannst du ihr helfen. (Zu einem anderen Mädchen:) Gehst du ein Stückchen zur Seite, dass die Mia durchkann? So, jetzt. Jetzt könnt ihr gießen."
Ben umfasst mit seiner rechten Hand den Hals der Kinder-Gießkanne. Mit seiner linken Hand führt er Saniés rechte Hand zum Griff.
Ben: „Sanié, halt fest."
Ben umschließt mit seiner Hand sowohl den Griff der Gießkanne als auch Saniés rechte Hand. Mit der anderen Hand führt er den Hals der Gießkanne. Gemeinsam gießen sie.
Erzieherin 1: „Genau."
Die brünette Erzieherin (2) steht hinter Sanié und hält sie am Arm aufrecht.
Erzieherin 2: „Sehr gut, Ben."
Sanié fasst mit der linken Hand an den Hals der grünen Gießkanne.
Ben: „Sanié, nicht festhalten."
Sanié lässt den Hals los.
Ben (in singendem Ton): „Gießen. Gießen wir Tomaten. Wir gießen."
Saniés rechte Hand liegt auf der Gießkanne. Ben hält weiterhin den Hals und den Griff und auch Saniés rechte Hand fest.
Ben (in singendem Ton): „Gießen. Wir gießen. Wir gießen. Gießen. Wir gießen. Gießen."

Ein Mädchen: „Ich hab jetzt leer."
Ben: „Sanié und ich haben auch leer."
Erzieherin 2: „Sehr gut habt ihr das gemacht."
Erzieherin 1: Wir gehen jetzt Mittag essen, okay?"
Die brünette Erzieherin (2) steht hinter Sanié und hält sie an den Händen.

Zu Beginn dieser gemeinsamen Aktivität ist zu beobachten, wie die Erzieherinnen das Mädchen Sanié dabei unterstützen, die Gießkanne zu halten und die Pflanzen zu gießen. Darauffolgend ist zu sehen, wie Erzieherin 1 (Michaela Langenfeld) das gemeinsame Gießen von Sanié und Ben initiiert (vgl. Lingenauber/von Niebelschütz 2015b, S. 14). Die Szene zeigt somit zweierlei: Sie verdeutlicht zum einen die Rolle der Erzieherinnen im Verlauf der Interaktion. Zum anderen macht sie die konkreten Handlungsstrategien sichtbar, mit der sie das gemeinsame Gießen von Sanié und Ben ermöglichen und unterstützen (vgl. ebd.).

Die Handlungsstrategien der Erzieherinnen stehen im Fokus dieser 90-minütigen Seminareinheit. Die filmische Dokumentation der Interaktionsszene ermöglicht dabei die genaue Analyse der einzelnen Handlungen durch wiederholtes Ansehen. Die Weiterbildner*innen zeigen die Interaktionsszene daher mehrere Male hintereinander. Mithilfe der folgenden Aufgabenstellung lenken sie gezielt den Fokus der Teilnehmer*innen auf jeweils *eine* Erzieherin.

Plenum	10 Minuten
	Folgende Informationen geben die Weiterbildner*innen vorab: Wir zeigen Ihnen eine Interaktionsszene mit einer Länge von etwa 2 Minuten. Die Arbeitsaufgabe zu diesem Filmausschnitt besteht aus verschiedenen Schritten: 1. Wir möchten mit Ihnen die Interaktionsszene nun mehrfach anschauen. Wir werden Sie bitten, nacheinander jeweils eine einzelne Person dieser Szene in den Fokus zu nehmen und zu beobachten. 2. Schreiben Sie nach dem Ansehen der Szene bitte auf, was Ihnen im Gedächtnis geblieben ist. 3. Im Anschluss erfolgt ein Austausch über Ihre Beobachtungen in der gesamten Gruppe. Es ist uns wichtig, dass Sie nicht während des Ansehens schreiben, da Sie sonst nicht alles mitbekommen, was im Video zu sehen ist. Wir werden jeweils warten, bis alle zu Ende geschrieben haben.

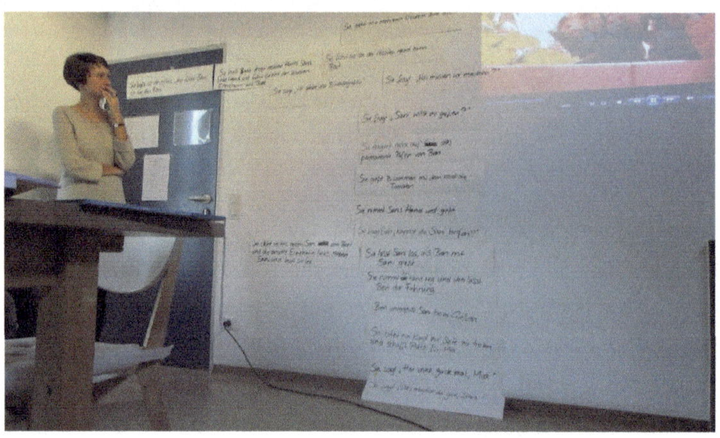

Die Teilnehmer*innen erhalten daraufhin die folgende Aufgabe:

Plenum	80 Minuten
	1. Schauen Sie sich die Interaktionsszene als Ganzes an. (5 Minuten) 2. Fokus Erzieherinnen 2.1 Schauen Sie sich die Filmszene ein zweites Mal an und richten Ihren Fokus auf *Michaela Langenfeld*, die blonde Erzieherin (1). Beobachten Sie *diese* Erzieherin genau! Was sehen Sie? Machen Sie sich *nach* dem Ansehen bitte Notizen zu Ihren Beobachtungen. Beschreiben Sie die Interaktionen, ohne sie zu interpretieren. (10 Minuten) 2.2 Anschließend schauen Sie sich die Filmszene ein drittes Mal an und richten Ihren Fokus auf *Maria do Carmo Oliveira-Mußmann*, die brünette Erzieherin (2). Beobachten Sie *diese* Erzieherin genau! Was sehen Sie? Machen Sie sich *nach* dem Ansehen bitte Notizen zu Ihren Beobachtungen. Beschreiben Sie die Interaktionen, ohne sie zu interpretieren. (10 Minuten) 3. Tauschen Sie sich nun im Plenum über Ihre Beobachtungen in Bezug auf die blonde Erzieherin (1) anhand der folgenden Leitfragen 10 Minuten lang aus: • Was geschieht ganz genau in dieser Interaktion? • Wie unterstützen die Erzieherinnen die komplexe Interaktion? Tauschen Sie sich anschließend im Plenum über Ihre Beobachtungen in Bezug auf die brünette Erzieherin (2) aus. Es geht dabei um die Geschehnisse. Anders ausgedrückt: Vermeiden Sie Interpretationen und Bewertungen.

	Die Weiterbildner*innen halten die geäußerten Beobachtungen der Teilnehmer*innen schriftlich auf langen Papierstreifen (ca. 20 x 70 cm) fest. In dialogischer Abstimmung mit den jeweiligen Beobachter*innen und den übrigen Teilnehmer*innen sortiert der/die Weiterbildner*in die Beobachtungen in der Reihenfolge ihres Geschehens auf einer großen freien Wandfläche (siehe Foto Seite 84).

Der Austausch im Plenum zielt darauf,

- die von den Teilnehmer*innen beobachteten Handlungsschritte der Erzieherinnen zu sammeln
- und den chronologischen Ablauf dieser Handlungsschritte zu rekonstruieren.

Die Weiterbildner*innen weisen die Teilnehmer*innen aus diesem Grund noch einmal auf das Ziel hin, die einzelnen Handlungsschritte der Erzieherinnen zu identifizieren. Anders ausgedrückt geht es nicht um eine Zusammenfassung der Situation, sondern um das detaillierte Erfassen der einzelnen Aktivitäten. Dieser dritte Teil der Arbeitsaufgabe wird im Folgenden beispielhaft dargestellt.

Die Weiterbildner*innen initiieren den Austausch mit der folgenden Frage:

Was hat die Erzieherin 1 zuerst gemacht?

Jede einzelne Wortmeldung bzw. Beobachtung dokumentieren die Weiterbildner*innen gut lesbar auf einem Papierstreifen und befestigen diesen an der leeren Wandfläche. Die Position jedes Papierstreifens wird in Abstimmung mit den jeweiligen Beobachter*innen und den übrigen Teilnehmer*innen festgelegt. Bei Uneinigkeit über die Position einer beobachteten Handlung im Gesamtverlauf hängen die Weiterbildner*innen nicht eindeutige Beobachtungen nebeneinander. Mit jeder Wortmeldung differenziert sich die Abbildung der beobachteten Handlungen weiter aus. Gleichzeitig verändert sich auf diese Weise immer wieder die Anordnung einzelner Papierstreifen.

Ein Beispiel: In der Qualifizierung ergaben die ersten Beobachtungs-Rückmeldungen zu Erzieherin 1 das folgende Bild:

Sie hält Sanié an der Hand und führt sie zum Hochbeet.
Sie fordert Sanié zum Gießen auf.
Sie bittet ein Kind zur Seite zu treten und schafft Platz für Mia.

Zwei darauffolgende Rückmeldungen führten zu einer weiteren Differenzierung und Veränderung der Anordnung.

Sie hält Sanié an der Hand und führt sie zum Hochbeet.
Sie fragt die Kinder: „Was muss man hier machen?“
Sie fordert Sanié zum Gießen auf.
Sie fragt Ben: „Kannst du Sanié helfen?
Sie bittet ein Kind zur Seite zu treten und schafft Platz für Mia.

Die Gesamtschau der auf diese Weise dokumentierten Beobachtungen sämtlicher Teilnehmer*innen ermöglicht es zu identifizieren, mit welchen Handlungsstrategien die Erzieherinnen die gemeinsame Aktivität zwischen Sanié und Ben ermöglichen und unterstützen.

Bezogen auf die Moderation des Austausches im Plenum sollten die Weiterbildner*innen darauf achten, erst dann die nächste Wortmeldung zuzulassen, wenn die vorherige Wortmeldung schriftlich auf einem Papierstreifen festgehalten ist. Anderenfalls besteht die Gefahr, dass mehrere Personen ihre Sichtweise nennen, ohne dass diese aufgeschrieben wird.

Das Sammeln, Dokumentieren und Anordnen der Beobachtungen erfolgt so lange, bis schließlich sowohl die Inhalte als auch deren Reihenfolge mit den Erinnerungen der Teilnehmer*innen (überwiegend) übereinstimmen.

An dieser Stelle zeigen die Weiterbildner*innen die Interaktionsszene noch einmal. Die Reihenfolge einzelner Handlungen kann anschließend noch einmal durch die Teilnehmer*innen korrigiert werden.

Erfahrungsgemäß löst der gesamte Austausch-Prozess Erstaunen und Überraschung bei den Teilnehmer*innen aus, und zwar hinsichtlich der unterschiedlichen Wahrnehmung aller Beobachter*innen. Die Teilnehmer*innen erleben, dass die Erfassung einer Interaktionsszene – trotz Fokussierung auf nur eine Person – alleine immer nur ausschnitthaft erfolgen kann. Erst die Perspektivenvielfalt der Gesamtgruppe ermöglicht eine sehr umfassende und differenzierte Erfassung der Interaktionsszene.

Die intensive Auseinandersetzung mit der Interaktionsszene verdeutlicht den Teilnehmer*innen: Beteiligung trägt wesentlich zur Entstehung von Gemeinschaft und zur Steigerung der Qualität der pädagogischen Praxis bei. Sie wird durch Interaktion und Kooperation zwischen unterschiedlichen Personen möglich.

Am Ende des dritten Qualifizierungstages leiten die Weiterbildner*innen die anschließende Praxisphase ein. Sämtliche Teilnehmer*innen der Qualifizierung:

- pädagogische Fachkräfte,
- nichtpädagogische Mitarbeiter*innen und
- Eltern

erhalten die folgende Reflexionsaufgabe für das nächste halbe Jahr:

> In der dritten Praxisphase laden wir sämtliche Teilnehmer*innen ein, die Beteiligungsmöglichkeiten in der Kindertageseinrichtung in den Blick zu nehmen. Bitte halten Sie in Ihrem Kompetenztagebuch dazu in den kommenden sechs Wochen die Formen der Beteiligung von Kindern, Eltern, Pädagog*innen und nichtpädagogischen Mitarbeiter*innen fest. Als Hilfe dazu dienen Ihnen folgende Fragen:
>
> - Welche Formen der Beteiligung können Sie beobachten?
> - Welche Formen der Beteiligung können Sie in Ihrer Einrichtung selbst erleben, und zwar in Ihrer Rolle als Eltern, Pädagog*innen oder nichtpädagogischen Mitarbeiter*innen.
>
> Tauschen Sie sich über Ihre Beobachtungen in einem Zweiergespräch mit Ihrer kritischen Freundin bzw. Ihrem kritischen Freund aus und halten Sie diese Erkenntnisse wiederum in Ihrem Kompetenztagebuch fest.

*Als pädagogische Fachkraft ist es **zusätzlich** in den nächsten Wochen Ihre Aufgabe, vielfältige Beteiligungsformen durch professionelles Handeln zu ermöglichen und zu unterstützen. Richten Sie Ihren Fokus dabei bitte auf die Ebene „Kinder und Kinder" und die Ebene „Pädagog*innen und Kinder" (-> Handout „Reflexion der vorhandenen Beteiligungsmöglichkeiten"; siehe S. 47 in dieser Publikation). Folgende Fragen sind dabei hilfreich:*

- *Welche Formen der Beteiligung fordern die Kinder für sich ein?*
- *Welche Formen der Beteiligung ermöglichen Sie den Kindern?*

Sehen Sie sich darüber hinaus die Interaktionsszene „Vorlesen" der DVD „Inklusion im Kindergarten. Einblicke in ein erfolgreiches Konzept" gemeinsam mit ihrer kritischen Freundin bzw. ihrem kritischen Freund an. Analysieren Sie die Szene mit Hilfe der Arbeitsaufgaben im dazugehörigen Booklet (Lingenauber/von Niebelschütz 2015b, S. 20). Ordnen Sie anschließend gemeinsam mit ihrer kritischen Freundin bzw. ihrem kritischen Freund die Interaktion zwischen

- *Ben (der Junge neben Sanié) und Sanié,*
- *Sanié und Naima (das Mädchen neben der Erzieherin) sowie*
- *Sanié und Mia (das Mädchen neben Naima)*

den „Erscheinungsweisen der Interaktion" zu (-> Handout „Erscheinungsweisen der Interaktion", siehe S. 91 in dieser Publikation).

*Tauschen Sie sich mit Ihren Kolleg*innen aus der Gruppe aus. Überlegen Sie zusammen, welches Kind/welche Kinder (mit besonderen Bedürfnissen) sich in einer erschwerten Ausgangsposition für Beteiligungsmöglichkeiten in Ihrer Gruppe befindet/befinden. (-> Artikel Kron 2013)*

Beobachten Sie für weitere sechs Wochen beispielhafte Beteiligungssituationen und halten Sie diese in Ihrem Kompetenztagebuch fest. Wählen Sie ein Beispiel aus, das für Sie besonders bedeutsam ist. Machen Sie an diesem Beispiel auch deutlich, welche „Ebene professionellen Handelns" berücksichtigt wird *(-> Handout „Reflexion der vorhandenen Beteiligungsmöglichkeiten", siehe Seite 47 in dieser Publikation).*

*Als pädagogische Fachkraft nehmen Sie in den nächsten Wochen bitte **zusätzlich** die Interaktionen eines Kindes (mit besonderen Bedürfnissen) Ihrer Gruppe in den Fokus, das sich in einer erschwerten Ausgangsposition für Beteiligung befindet:*

- *Welche „Erscheinungsweisen der Interaktionen" können Sie bezogen auf dieses Kind wahrnehmen? (-> Handout „Erscheinungsweisen der Interaktion", siehe S. 91 in dieser Publikation)*
- *Richten Sie auch hier wieder den Fokus auf die Interaktionsebenen „Kinder und Kinder" und „Pädagog*innen und Kinder".*

*Setzen Sie sich mit Ihren Kolleg*innen aus der Gruppe zusammen und tauschen Sie sich über Ihre Beobachtungen aus. Überlegen Sie anschließend gemeinsam, wie Sie die Beteiligung dieses Kindes durch Ihr professionelles Handeln (vielfältiger) ermöglichen und (stärker) unterstützen können.*

Bitte halten Sie in Ihrem Kompetenztagebuch in den abschließenden sechs Wochen fest, auf welchen Interaktionsebenen Sie sich (mehr) Beteiligung wünschen. Halten Sie auch konkrete Ideen dazu fest *(-> Handout „Beteiligungsperspektiven", siehe S. 90 dieser Publikation)*. Tauschen Sie sich anschließend über Ihre Notizen in einem Zweiergespräch mit Ihrer kritischen Freundin bzw. Ihrem kritischem Freund aus und halten Sie die Erkenntnisse wiederum in Ihrem Kompetenztagebuch fest.

Als pädagogische Fachkraft halten Sie darüber hinaus bitte ***zusätzlich*** *in Ihrem Kompetenztagebuch Situationen fest, in denen Sie die Beteiligung eines Kindes (mit besonderen Bedürfnissen) durch Ihr professionelles Handeln ermöglicht und/oder unterstützt haben. Nehmen Sie die Veränderungen innerhalb Ihrer Gruppe wahr, und zwar bezogen auf*

- *Ihre Person,*
- *Kolleg*innen und*
- *Kinder.*

*Tauschen Sie sich zusätzlich mit Ihren Kolleg*innen aus der Gruppe aus:*

- *Welche Veränderungen haben Sie bezogen auf die Beteiligung der Kinder in Ihrer Gruppe erlebt?*
- *Gibt es eine beispielhafte Situation, die für diesen Veränderungsprozess steht?*

Fassen Sie anschließend Ihre Erkenntnisse bitte in einem Satz zusammen. Bringen Sie diese Reflexion in Ihrem Kompetenztagebuch zum vierten und letzten Qualifizierungstag mit. Gemeinsam reflektieren wir diese Erkenntnisse.

Setzen Sie sich in den nächsten Wochen auch damit auseinander, welche inklusive Praxis oder Kultur Sie sich für Ihre Kindertageseinrichtung wünschen. Suchen Sie ein Bild (Foto oder Postkarte), das diesen Wunsch symbolisiert. Bringen Sie dieses Bild zum vierten Qualifizierungstag mit.

Insgesamt unterstützen drei Handouts die Teilnehmer*innen bei der Reflexionsaufgabe für die dritte Erkundungsphase: das Handout „Reflexion der vorhandenen Beteiligungsperspektiven" des zweiten Qualifizierungstages (siehe Seite 47), das Handout „Beteiligungsperspektiven" (siehe Seite 90) und das Handout „Erscheinungsweisen der Interaktionen" (siehe Seite 91). Das Handout „Reflexion der vorhandenen Beteiligungsperspektiven" liegt den Teilnehmer*innen bereits vor und soll im Rahmen der dritten Erkundungsphase ergänzt werden.

Für die Reflexionsaufgaben der Pädagog*innen benötigt die Kindertageseinrichtung ein Exemplar des Films „Inklusion im Kindergarten – Einblicke in ein erfolgreiches Konzept" (Lingenauber/von Niebelschütz 2015a; b). Es empfiehlt sich daher, die Einrichtungsleitung im Vorfeld um die Anschaffung mindestens eines Exemplars zu bitten, sodass dieser mit Beginn der dritten Erkundungsphase in der Einrichtung bereitliegt.

Handout: Beteiligungsperspektiven

Auf welchen „Ebenen professionellen Handelns" wünschen Sie sich (mehr) Beteiligungsmöglichkeiten in Ihrer Kindertageseinrichtung?

	Ebene:	Inklusive Strategie	Ziel(e):
1	Pädagog*innen & Pädagog*innen (sowie weitere Mitarbeiter*innen)		
2	Pädagog*innen & Eltern (sowie weitere Mitarbeiter*innen)		
3	Pädagog*innen & Kinder (sowie weitere Mitarbeiter*innen)		
4	Eltern & Eltern		
5	Kinder & Kinder		
6	Kind, Pädagog*innen & Eltern (sowie weitere Mitarbeiter*innen)		
7	Eltern & Kinder		

Handout: Erscheinungsweisen der Interaktion

Nebeneinander/ Nichtbefassen	Kein sichtbares Sich-miteinander-Befassen *Beispiel: Kinder begeben sich in unverbindliche Nähe zueinander und versuchen dabei Nähe „auszuhalten" (vgl. Klein u. a. 1987, S. 143 ff.)*
Bezugnahme auf emotional-kognitiver Ebene	Kinder äußern sich über andere Kinder oder ahmen deren Verhalten nach, ohne dass eine sichtbare Aktivität zwischen ihnen entsteht *Beispiele: Kinder suchen nach Erklärungsversuchen für das „Anderssein" anderer Kinder (eher kognitiv). Es erfolgt ein Ausprobieren oder Nachahmen der Verhaltensweisen eines Kindes (eher emotional) (vgl. a. a. O., S. 149 ff.)*
Einseitige Kontaktaufnahme	Kinder treten in Kontakt zu anderen Kindern, ohne dass dabei eine gemeinsame Aktivität entsteht *Beispiele: Ein Kind stellt Kontakt zu einem anderen Kind her durch* • *Zuwendung, wie Streicheln oder Küssen,* • *Versorgen, wie Füttern oder Trösten,* • *Abweisung, wie Beißen, Schubsen oder Gebautes umwerfen (vgl. a. a. O., S. 161 ff.)*
Komplexe Interaktionen	Kinder agieren miteinander, was sowohl personen- als auch sachorientiert, mit- oder gegeneinander geschehen kann *Beispiel: Zwei Kinder agieren miteinander* • *zufällig,* • *durch das Suchen und Geben von Zuwendung, Nähe und Zärtlichkeit,* • *aufgrund eines gemeinsamen Interesses (vgl. a. a. O., S. 184 ff.)*
Gemeinsame Aktivitäten mit der Erzieherin	Die Pädagog*innen übernehmen eine tragende Rolle im Interaktionsgesehen *Beispiele:* • *Durch die Pädagog*innen als Modell lernen Kinder Möglichkeiten des „Umgangs" miteinander.* • *Im Schutze der Pädagog*innen erproben Kinder sich im „Umgang" mit anderen Kindern (vgl. a. a. O., S. 221 ff.)*

In der anschließenden Erkundungsphase wurden die Prozesse aufgrund dieses Auftrags noch einmal vertiefend in der Einrichtung reflektiert. Die Nachreflexion auf dem vierten Qualifikationstag findet im Plenum statt und greift die zentralen Punkte nochmals auf, damit ein Austausch entstehen kann. Die Weiterbildner*innen stellen dazu wieder Bezüge zu den Analysen und Reflexionen des dritten Qualifizierungstages her.

2.3.4 Literatur

Klein, Gabriele/Kreie, Gisela/Kron, Maria/Reiser, Helmut (1987): Integrative Prozesse in Kindergartengruppen. Über die gemeinsame Erziehung von behinderten und nichtbehinderten Kindern. Weinheim/München: Deutsches Jugendinstitut URL: http://bidok.uibk.ac.at/library/klein-prozesse.html, abgerufen am 08.07.2021

Kron, Maria (2013): Integration als Einigung – Integrative Prozesse und ihre Gefährdungen auf Gruppenebene. In: Kreuzer, Max (Hrsg.): „Dabeisein ist nicht alles": Inklusion und Zusammenleben im Kindergarten. München: Reinhardt, S. 190–200

Lingenauber, Sabine/Niebelschütz, Janina L. von (2015a): Inklusion im Kindergarten. Einblicke in ein erfolgreiches Konzept. (DVD) Weimar: verlag das netz

Lingenauber, Sabine/Niebelschütz, Janina L. von (2015b): Inklusion im Kindergarten. Einblicke in ein erfolgreiches Konzept. (Booklet) Weimar: verlag das netz

Lingenauber, Sabine/Niebelschütz, Janina L. von/Tures, Andrea (2017): Zur inklusiven Weiterentwicklung von frühpädagogischen Regeleinrichtungen: Inklusive Kulturen, Strukturen und Prozesse unterstützen. In: Neuß, Norbert/Tures, Andrea (Hrsg.): Multiprofessionelle Perspektiven auf Inklusion. Leverkusen/Berlin: Barbara Budrich, S. 23–36

2.4 Inklusive Zukunft gestalten

Den inhaltlichen Schwerpunkt des vierten Qualifizierungstages bildet – ausgehend vom Status quo der Praxis – die Entwicklung von inklusiven Zukunftsperspektiven.

2.4.1 Einleitung

Im Rahmen einer inklusiven Qualifizierung ist es bedeutsam, auch die bisherige Raumgestaltung und das Materialangebot kritisch zu überdenken:

Wie kann die Kindertageseinrichtung ein Ort der Inklusion werden?

Antworten auf diese Frage finden wir in Reggio Emilia (Italien). Der Reggio-Emilia-Ansatz basiert auf den vier Prinzipien:

1. Partizipation,
2. Gleichheit und Verschiedenheit,
3. Gemeinschaft und Kooperation sowie,
4. Ästhetik (vgl. Lingenauber 2018, S. 55 ff.).

2.4.2 Inklusive Raumgestaltung in den Blick nehmen

Im Reggio-Emilia-Ansatz erfolgt eine partizipative Raumgestaltung, und zwar gemeinsam mit Kindern, Eltern, Pädagog*innen und Bürger*innen (vgl. Lingenauber 2013, 59 ff.). Die Pädagog*innen beziehen beispielsweise die Interessen und Bedürfnisse aller Kinder mit ein.

Das bedeutet,

- „Kindern Platz für ihre Gestaltungen und Produkte zur Verfügung zu stellen,
- flexible Ausstellungsvitrinen und -regale für kreative Gestaltungen der Kinder zu besitzen,
- Ergebnisse aus Projekten in den Räumen auszustellen und
- Kinder aktiv mit ihren Ideen und Vorschlägen in die Raumgestaltung einzubeziehen“ (Lingenauber/Vogel 2013, S. 73).

Kindertageseinrichtungen sollten für alle Kinder zugänglich und ansprechend gestaltet sein. Die neugebauten, kommunalen Krippen und Kindertageseinrichtungen in Reggio Emilia sind barrierefrei. Die Architektur ermöglicht sämtlichen Kindern einen freien Zugang in die verschiedenen Bereiche der Einrichtung.

Die Reflexion der eigenen räumlichen Situation ist für eine inklusive Kindertageseinrichtung bedeutsam. Konkret geht es um die Beantwortung der folgenden Fragen:

- Wie werden die Kinder, Pädagog*innen, Eltern und Bürger*innen bislang in die Gestaltung der verschiedenen Räume (Gruppenraum, Nebenraum, Flure, Waschraum, Außengelände) einbezogen?
- Wie gehen Sie in den Räumen auf die unterschiedlichen Bedürfnisse von Mädchen und Jungen mit und ohne Behinderungen ein?
- Wie können die verschiedenen Kulturen und Religionen der Kinder und ihrer Familien durch Gegenstände, Möbel oder Fotos in den Räumen sichtbar werden?
- Wie erfolgt die Dokumentation aktueller Projekte? (vgl. a. a. O., S. 81)

Die Raumgestaltung ist also ein dynamischer Prozess, der immer wieder aufs Neue an die Bedürfnisse der jeweiligen Kinder angepasst werden sollte. Raum und Materialien müssen zusammen geplant werden.

Die Auswahl der angebotenen Materialien sollte den folgenden Prinzipien entsprechen: Partizipation, Gleichheit und Verschiedenheit, Gemeinschaft und Kooperation sowie Ästhetik. Von besonderer Bedeutung ist die Ästhetik der Materialien (vgl. Schnurr 2018). Raumgestaltung und Materialangebot laden Mädchen und Jungen zum Forschen ein.

Tassilo Knauf benennt konkret:

- „Optische Geräte wie Overhead- und Diaprojektoren oder Leuchttische,
- Gegenstände zum Messen und Untersuchen wie Metermaß, Zollstöcke und Lupen, (...)
- Gegenstände zum Malen und Plastizieren wie Staffeleien, Pinsel, Farben, Tische, Trockenregale, Brennöfen, Ausstellungsflächen,
- Gegenstände zum darstellenden Spiel wie (...) Leinwände und Lampen für Schattenspiel und Diaprojektionen, Verkleidungsbereiche (Verkleidungsschnecke), Kleidungsstücke“ (Knauf 2013, S. 99).

Jede neue Familie und jedes neue Thema der Kinder ist eine Aufforderung an die Pädagog*innen, das Materialangebot zu reflektieren und zu verändern. In Reggio Emilia existiert eine lange Tradition, dass Eltern Materialien in der Kindertageseinrichtung ihrer Kinder für die Arbeit zur Verfügung stellen.

Ein Teil des Reggio-Emilia-Ansatzes ist seit 1996 das kreative Recycling-Center „REMIDA" (vgl. Reggio Children 2005). 200 Firmen der Region liefern vielfältiges Material, das zum Beispiel als Verschnitt, Fehlproduktion, Ausschussware oder Überschussware aus einem Produktionsprozess stammt:

- Stoffe und Knöpfe mit kleinen Produktionsfehlern,
- Felle der Modefirma Max Mara,
- Folie für Käsepapier,
- Wolle und Garne,
- Metalle und
- Papier in allen Größen und Farben.

Die REMIDA bildet eine Brücke zwischen der Arbeit der Eltern und der Arbeit der Kindertageseinrichtungen. Sie ermöglicht die dauerhafte Auseinandersetzung mit Material und den kostenfreien Einsatz vielfältigen Materials in den Projekten. Kinder und Pädagog*innen gehen gemeinsam in die REMIDA und wählen dort zusammen Material für ihre Projekte aus.

Die Neugierde der Kinder ist unbegrenzt, aber für Erwachsene ist es oft schwierig, die gewohnten Lernwege zu verlassen. REMIDA arbeitet so, dass sich Erwachsene wundern können. REMIDA ist ein Ort der Forschung und provoziert.

Jedes Jahr

- erhält die REMIDA 40 Tonnen Material und bringt es wieder in Umlauf,
- holen 400 Kindertageseinrichtungen, Schulen und andere sozialpädagogische Einrichtungen Material aus der REMIDA,
- zählt REMIDA 3.500 Besucher*innen,
- beteiligen sich 400 Kinder und Jugendliche an REMIDA-Workshops,
- partizipieren 400 Erwachsene an REMIDA-Workshops,
- arbeiten 70 Freiwillige in den REMIDA-Projekten (REMIDA-Workshop am 20.9.2018, eigene Mitschrift).

Die REMIDA fördert eine Ausweitung der Begriffe „Nachhaltigkeit" und „Wertschätzung" nicht nur bezogen auf Materialien, sondern auch bezogen auf die Gesellschaft. Dies geschieht durch die konkrete Auseinandersetzung mit dem Material.

Die Auseinandersetzung mit einer Raumgestaltung aus inklusiver Perspektive erfolgt in der Qualifizierung anhand des Films „Ganz nah dabei – Raumgestaltung in Kitas für 0- bis 3-Jährige“ (van Diecken/van Diecken 2013).

> Einen Trailer zum Film sehen Sie unter:
> http://www.christelvandieken.de/portfolio-item/ganz-nah-dabei-kita-raumgestaltung/

Der ca. 45-minütige Film bietet in 10 Hauptkapiteln Einblicke in bemerkenswerte Räume verschiedener Kinderkrippen in Deutschland. Gemeinsam ist allen Beispielen eine innovative, kreative und mit Architekten geplante Gestaltung der Räume. Diese umfasst beispielsweise

- die Architektur des Gebäudes,
- die Aufteilung der Innenräume,
- die Farbgestaltung der Wände,
- die Auswahl der Materialien und
- die Platzierung der Materialien im Raum.

Der Film bietet auf diese Weise wertvolle Anregungen für die frühpädagogische Praxis. In der Qualifizierung verwenden wir den Film allerdings, um die Gestaltung von Räumen aus einer kritisch-inklusiven Perspektive in den Blick zu nehmen. Wie bereits vorangehend beschrieben rückt eine inklusive Raumgestaltung insbesondere das Prinzip der Partizipation ins Zentrum (siehe S. 95).

Das Prinzip der Partizipation umfasst im Sinne des Reggio-Emilia-Ansatzes zwei Aspekte: zum einen die Beteiligung der Kinder, Eltern, Pädagog*innen und Bürger*innen an der Raumgestaltung. Zum anderen die Beteiligungsmöglichkeiten sämtlicher Akteure durch die Raumgestaltung.

Die Beteiligungsmöglichkeiten und -grenzen der *Kinder* durch die Raumgestaltung steht im Zentrum des vierten Qualifizierungstages.

Eine inklusive Gestaltung der Innen- und Außenräume ermöglicht *sämtlichen* Kindern

- vielfältige Interaktionen und
- größtmögliche Selbstständigkeit.

Vielfältige Interaktionen und größtmögliche Selbstständigkeit sind jedoch nur möglich, wenn die verschiedenen Bereiche einer Kindertageseinrichtung *sämtlichen* Kindern barrierefrei zugänglich sind.

Zur Verdeutlichung dienen zwei Beispiele aus dem Film „Inklusion im Kindergarten – Einblicke in ein erfolgreiches Konzept (Lingenauber/von Niebelschütz 2015):

1. Die extrabreite Rutsche auf dem Außengelände der Kindertageseinrichtung ermöglicht dem fast blinden Mädchen Sanié das gemeinsame Rutschen mit dem Jungen Ben (siehe Kapitel 2.3).
2. Der Fenstereinbau in eine Gruppenraumtür für ein überwiegend auf dem Boden liegendes Kind.

Ziel dieser 90-minütigen Seminareinheit ist es, die Teilnehmer*innen für Partizipationsbarrieren in Räumen zu sensibilisieren.

Die Einheit umfasst insgesamt drei Schritte:

1. Ansehen des Films „Ganz nah dabei – Raumgestaltung in Kitas“,
2. Austausch in Kleingruppen und
3. Diskussion im Plenum.

Die Weiterbildner*innen erläutern die Seminareinheit zunächst im Ganzen. Sie stellen den Inhalt vor und erklären die Vorgehensweise und Ziele. Erst danach wird die erste Aufgabe erläutert.

Plenum	10 Minuten
	Die Weiterbildner*innen bitten die Teilnehmer*innen: Setzen Sie sich an Gruppentischen zusammen und achten Sie darauf, dass sämtliche Gruppen (Pädagog*innen, Eltern, nichtpädagogische Mitarbeiter*innen und Trägervertreter*innen) vertreten sind. Nehmen Sie eine kritische inklusive Perspektive ein und beantworten Sie die folgende Frage: *Welche Bereiche, die im Film gezeigt werden, sind nicht uneingeschränkt für sämtliche Kinder zugänglich und können auch nicht zugänglich gemacht werden?* Bitte machen Sie sich während des Films Notizen.

Im Anschluss daran zeigen die Weiterbildner*innen den 45-minütigen Film. Danach bitten sie die Teilnehmer*innen, sich an den Gruppentischen zu ihren Notizen auszutauschen. Jeweils ein/e Teilnehmer*in pro Kleingruppe wird gebeten, die Ergebnisse zusammenzufassen. Für den Austausch erhalten die Kleigruppen insgesamt 20 Minuten Zeit.

Wir als Weiterbildner*innen begleiten diesen Austausch, in dem wir den Kleingruppen ausschnittweise zuhören. Erfahrungsgemäß verleiten die filmischen Eindrücke die Kleingruppen immer wieder dazu, die gezeigten Beispiele ausschließlich positiv zu bewerten oder sie mit der eigenen Einrichtung zu vergleichen. In diesem Fall weisen wir die Teilnehmer*innen noch einmal auf den Fokus der Arbeitsaufgabe hin.

In der abschließenden Diskussion im Plenum sammeln die Weiterbildner*innen die Ergebnisse der Kleingruppen an einem Flipchart. Hierzu nennt nacheinander jeweils ein/e Teilnehmer*in pro Kleingruppe die zusammengefassten Ergebnisse. Die Weiterbilder*innen dokumentieren die Rückmeldungen.

Die folgenden Rückmeldungen dokumentieren beispielhaft die Erkenntnisse der Teilnehmer*innen zu Beteiligungsmöglichkeiten und -grenzen der Räume:

- Steile Treppen,
- Enge und steile Podeste,
- Eingeschränkte Zugänglichkeit zur Hochebene durch „Eingangsloch“, auch für Erzieherinnen,
- Wasserspielbereich im Bad ist nicht barrierefrei für alle Kinder,
- Keine höhenverstellbaren Waschbecken,
- Enge im Badezimmer,
- Schmale Türen (Rollstuhl),
- Fehlende Orientierungsmöglichkeiten für sehbeeinträchtigte Kinder,
- Sitzhocker sind nicht für alle Kinder nutzbar,
- Fehlen unterschiedlicher Sitzgelegenheiten,
- Fehlen bodentiefer Fenster.

Die dokumentierten Rückmeldungen verdeutlichen, dass die Teilnehmer*innen anhand des Films vielfältige Möglichkeiten und Grenzen der Räume wahrnehmen. Eine Interaktionsbarriere stellen die eingebauten Hochebenen dar. Für Kinder mit körperlichen oder visuellen Beeinträchtigungen schränken die Hochebenen Interaktionen ein.

Die Erfahrungen in den Qualifizierungen zeigen, dass die kritische Auseinandersetzung mit den visuellen Beispielen des Films die Teilnehmer*innen für räumliche Partizipationsbarrieren sensibilisiert. Nach dieser Einheit beginnen insbesondere die Pädagog*innen, auch ihre eigene Raumgestaltung aus einer kritisch-inklusiven Perspektive zu beleuchten. Die Seminareinheit setzt auf diese Weise einen wichtigen Reflexionsprozess in Gang. An dieser Stelle weisen die Weiterbildner*innen noch einmal darauf hin, dass Raumgestaltung ein *dynamischer* Prozess ist, in dem immer wieder aufs Neue die Partizipationsmöglichkeiten und -barrieren für *sämtliche* Kinder der Gruppe zu reflektieren sind.

Einen zweiten inhaltlichen Schwerpunkt bildet am vierten Qualifizierungstag die Reflexion der Teilnehmer*innen zur Umsetzung von Inklusion in ihrer Kindertageseinrichtung. Einerseits geht es darum, den aktuellen Stand der Inklusion in ihrer Kindertageseinrichtung festzuhalten (siehe Kapitel 2.4.3). Andererseits geht es um die zukunftsbezogenen Perspektiven, die die Teilnehmer*innen mit Inklusion in ihrer Kindertageseinrichtung verbinden (siehe Kapitel 2.4.4).

2.4.3 Den Status quo identifizieren

Diese 90-minütige Seminareinheit unterstützt die Teilnehmer*innen darin, den aktuellen Stand der Umsetzung von Inklusion in der eigenen Kindertageseinrichtung – den „Status quo" – zu erfassen.
Insgesamt umfasst die Seminareinheit zwei Schritte:

1. Austausch in Kleingruppen und
2. Ausstellung der Ergebnisse und Austausch.
3. Für die nachfolgende Aufgabe werden pro Kleingruppe jeweils drei Flipchart-Papiere und verschiedenfarbige Flipchart-Marker benötigt.

Die Weiterbildner*innen erläutern die Seminareinheit zunächst im Ganzen. Sie stellen den Inhalt vor und erklären die Vorgehensweise und Ziele. Erst danach wird die Aufgabe erläutert.

<table>
<tr><td>Kleingruppe</td><td>45 Minuten</td></tr>
<tr><td>  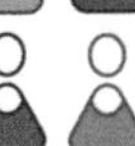</td><td>Wir möchten Sie bitten, sich als Kleingruppen von 4 bis 5 Personen zusammenzusetzen. Achten Sie darauf, dass sämtliche Gruppen (Pädagog*innen, Eltern, nichtpädagogische Mitarbeiter*innen) vertreten sind.
• Als Pädagog*innen setzen Sie sich bitte mit Ihrem Gruppenteam zusammen und
• als nichtpädagogische Mitarbeiter*innen und Eltern suchen Sie sich bitte ein Kleingruppenteam aus.
Suchen Sie sich jetzt als Kleingruppe einen Ort zum Austausch in der Einrichtung.

Bitten wählen Sie eine Person aus der Gruppe, die auf das Einhalten der Zeit achtet.

Tauschen Sie sich zu den nachfolgenden 3 Themen aus.
1. Inklusive Kulturen:
• Wie werden Unterschiede der Kinder berücksichtigt oder aufgegriffen, um Spiel, Lernen und Partizipation zu fördern und nicht als Problem angesehen zu werden (vgl. GEW 2015, S. 58)?
• Wie werden Unterschiede der Erwachsenen berücksichtigt oder aufgegriffen, um Spiel, Lernen und Partizipation zu fördern, und nicht als Problem angesehen zu werden (vgl. ebd.)?
2. Fachwissen für Inklusion:
• Welches Wissen haben wir in Bezug auf Inklusion?
• Was sind wichtige Erkenntnisse, die wir durch Fachtexte oder Vorträge entwickelt haben?
3. Inklusive Praxis:
• Wie wird Kindern, unabhängig von ihren Fertigkeiten und Leistungen, Teilhabe an Veranstaltungen und Ausflügen ermöglicht (vgl. GEW 2015, S. 89)?
• Wie wird Eltern, unabhängig von ihren Fertigkeiten und Leistungen, Teilhabe an Veranstaltungen und Ausflügen ermöglicht (vgl. ebd.)?

Lassen Sie nacheinander jede*n zu Wort kommen. Für jedes Thema haben Sie 15 Minuten Zeit. Sammeln Sie Ihre Antworten auf jeweils einem Flipchart-Papier pro Thema in Form eines Plakates.</td></tr>
</table>

Im Anschluss an den Austausch in den Kleingruppen werden die erstellten Plakate an Wänden oder Stellwänden ausgehängt und die Ergebnisse auf diese Weise sämtlichen Teilnehmer*innen in Form einer Ausstellung präsentiert. Die Weiterbildner*innen laden die Teilnehmer*innen nun zu einem Rundgang durch den Raum ein, um sich – jede*r für sich – die Ergebnisdokumentationen anzusehen. Hierfür erhalten die Teilnehmer*innen 30 Minuten Zeit.

Unsere Erfahrungen zeigen, dass ein reger Austausch der Teilnehmer*innen entsteht. Die Form der Ausstellung bietet auf diese Weise einen Impuls, über die in der Einrichtung vorhandenen inklusiven Kulturen, das vorhandene Fachwissen für Inklusion und die inklusive Praxis miteinander ins Gespräch zu kommen. Gleichzeitig bilden die vielfältigen Ergebnisse der Kleingruppen ein reichhaltiges und motivierendes Spektrum der vorhandenen inklusiven Kompetenzen und Strategien innerhalb der Kindertageseinrichtung ab. Einige beispielhafte Rückmeldungen aus dem Plenum dokumentieren die Ergebnisse der Kleingruppen.

Zur *inklusiven Kultur* der Kindertageseinrichtung bezogen auf die *Kinder*:

„Wünsche und Ideen der Kinder werden durch Kinderkonferenzen gehört und aufgegriffen"

„Unterschiedliche Lernerfolge der Kinder werden berücksichtigt"

„Individuelle Wahl der Spielorte, der Spielpartner und des Materials wird ermöglicht"

„Stärken der Kinder werden berücksichtigt"

„Kleingruppenarbeit"

„Interessen der Kinder werden aufgegriffen"

„Angebote/Projekte werden so gestaltet, dass alle Kinder daran teilhaben können"

„Den Kindern werden Zeit, Raum und unterschiedliche Umsetzungsmöglichkeiten bei Projekten gegeben"

„Die Kinder können ihre Bezugsperson frei wählen"

„Nonverbale Kommunikation wird wahrgenommen und respektiert"

Zur *inklusiven Kultur* der Kindertageseinrichtung bezogen auf die *Erwachsenen*:

„Bei Sprachbarrieren werden Dolmetscher hinzugezogen, zum Beispiel in Elterngesprächen"

„Briefe an die Eltern werden in die Familiensprache übersetzt"

„Interessen, Fähigkeiten, Wünsche und Zusatzausbildungen werden berücksichtigt"

„Regelmäßiger Austausch mit den Eltern"

„Reflexion"

„Stärken der Mitarbeiter*innen berücksichtigen"

„Rücksichtnahme aufeinander"

„Gesprächsbereitschaft"

„Verständnis für die Individualität der Eltern zeigen"

„Begegnung mit den Eltern auf Augenhöhe gestalten"

Zum *Fachwissen für Inklusion* der Teilnehmer*innen:

„Küchenpersonal nimmt Rücksicht auf unterschiedliche Allergien und Lebensmittelunverträglichkeiten"

„Fachwissen über die Gabe von Medikamenten"

„Fachwissen über Kinder mit Hochbegabungen"

„Beobachtung ist die Grundlage für eine inklusive Praxis"

„Praxiserfahrungen der Mitarbeiter*innen"

„Gemeinsame Wissensgrundlage des Teams durch die Qualifizierung"

„Fachwissen durch Filmbeispiele"

„Fachwissen selbstbewusst vertreten können"

„Mehr Verständnis für Inklusion als früher"

Zur *inklusiven Praxis* der Kindertageseinrichtung:

„Teilhabe ermöglichen trotz Widerstand“

„Eltern können mitgestalten“

„Netzwerke gebildet“

„Fachwissen der Eltern wird einbezogen“

„Mehrsprachiger Alltag“

„Akzeptanz unterschiedlicher Kulturen“

„Rahmenbedingungen geschaffen“

„Rückzugsmöglichkeiten geschaffen für müde Kinder“

„Anschaffung eines Wagens für kleine Kinder“

„Zurückstellung eigener Bedürfnisse, Erwartungen, Ziele vor den Wünschen der Kinder“

Die Teilnehmer*innen zeigen bei Abschluss der Qualifizierung

1. eine Sensibilisierung für inklusive Kulturen sowie
2. Strategien und Kompetenzen für eine inklusive Praxis.

2.4.4 Perspektiven eröffnen

Die folgende 90-minütige Seminareinheit zielt auf ein Sichtbarmachen der zukunftsbezogenen Perspektiven der Teilnehmer*innen für die Umsetzung von Inklusion in ihrer Kindertageseinrichtung.

Die Einheit umfasst insgesamt zwei Schritte:

1. Austausch in Kleingruppen und
2. Präsentation im Plenum

Grundlage für die nachfolgende Aufgabe ist ein Bild, das die Teilnehmer*innen im Rahmen der Aufgabe für die dritte Erkundungsphase zum vierten Qualifizierungstag mitgebracht haben. Darüber hinaus benötigen die Teilnehmer*innen pro Kleingruppe ein zu beschriftendes Papier-Banner und einen Flipchart-Marker.

Für den Fall, dass einzelne Teilnehmer*innen kein Bild dabeihaben, stellen wir als Weiterbildner*innen eine Auswahl an Postkarten zur Verfügung, die wir zu Beginn des Qualifizierungstages auf einem Tisch ausbreiten. Dafür eignen sich beispielsweise Postkarten des gemeinnützigen Vereins „Aktion Mensch“, die online zu beziehen sind.

Die Weiterbildner*innen erläutern die Seminareinheit zunächst im Ganzen. Sie stellen den Inhalt vor und erklären die Vorgehensweise und Ziele. Erst danach wird die Aufgabe erläutert.

Kleingruppe	60 Minuten
	Setzen Sie sich bitte in Kleingruppen von 4 bis 5 Personen zusammen. Für das Bilden der Kleingruppen regen die Weiterbildner*innen an: Stellen Sie sich vorab die Frage: Mit wem habe ich heute noch nicht zusammengearbeitet? Die Wahl der Kleingruppe bietet die Möglichkeit, Teilnehmer*innen kennenzulernen, zu denen wenig Kontakt besteht. Suchen Sie sich jetzt als Kleingruppe einen Ort zum Austausch in der Einrichtung. Wählen Sie eine Person aus der Gruppe, die auf das Einhalten der Zeit achtet. Nehmen Sie Ihr mitgebrachtes Bild zur Hand und nutzen Sie dieses als Grundlage zur Beantwortung der untenstehenden Fragen. Sollten Sie kein eigenes Bild mitgebracht haben, suchen Sie sich bitte eine der auf dem Tisch liegenden Postkarten aus. Hören Sie sich nun gegenseitig zu. Jede*r von Ihnen erzählt nacheinander: a. Dieses Bild stellt für mich Inklusion dar, weil... b. Was soll sich aus inklusiver Perspektive in unserer Einrichtung noch entwickeln? c. Was wären dafür nächste Schritte? Hierfür haben Sie 50 Minuten Zeit. Nachdem jede*r von Ihnen erzählt hat, wählen Sie gemeinsam eine Aussage aus, die Ihrer Gruppe zu Punkt „b" am wichtigsten war. Schreiben Sie diese auf ein Plakat. Wählen Sie eine Person aus, die diese Aussage der Gesamtgruppe vorstellt. Hierfür haben Sie 10 Minuten Zeit.

Wir als Weiterbildner*innen begleiten den Austausch, indem wir herumgehen und den Kleingruppen ausschnittweise zuhören. Die nun vorhandenen Erfahrungen der Teilnehmer*innen, sich gegenseitig zuzuhören, ohne sich zu unterbrechen, zeigen sich unserer Erfahrung nach in dieser abschließenden Einheit besonders deutlich.

Im Anschluss an den Austausch der Kleingruppen erfolgt die Präsentation ausgewählter Aussagen im Plenum. Als Antwort auf die Frage „Was soll sich aus inklusiver Perspektive in unserer Einrichtung noch entwickeln?" wählten die einzelnen Kleingruppen in den Qualifizierungen die folgenden Aussagen aus, um sie im Plenum zu präsentieren:

„Wer inklusiv unterstützen will, braucht Unterstützung"
Diese Aussage der Kleingruppe verdeutlicht, dass Pädagog*innen in inklusiven Kontexten immer wieder auf die Einbeziehung der Kompetenzen unterschiedlichster Fachkräfte angewiesen sind. Das kann beispielsweise das pädagogische Wissen der Kollegin sein, das therapeutische Wissen der Frühförderin eines Kindes, das medizinische Wissen eines Arztes oder das Fachwissen der Fachberaterin.

„Der Weg ist das Ziel"
Mit diesem Leitsatz betonen die Teilnehmer*innen den dynamischen Prozesscharakter von Inklusion. Die Qualifizierung verdeutlicht, dass die Umsetzung von Inklusion immer wieder ein neues Sich-Einstellen auf die Kinder und Eltern der Kindertageseinrichtung voraussetzt und mit jeder neuen Familie ggf. auch neue Kompetenzen, neue Strategien und neue Raum- und Materialideen für die Gestaltung einer inklusiven Praxis benötigt werden.

„Wir wachsen mit unseren Aufgaben"
Diese Aussage verdeutlicht die optimistische Sichtweise der Kleingruppe, dass mit der wachsenden Praxiserfahrung der Teilnehmer*innen auch ein wachsender Kompetenzerwerb für Inklusion einhergeht. Von Bedeutung erscheint uns als Weiterbildner*innen, dass dieser Kompetenzerwerb durch kontinuierliche Reflexion und fachliche Unterstützung ermöglicht wird.

„Die Familien in den Blick nehmen"
Dieses formulierte Ziel weist auf einen Perspektivwechsel hin: Die Sichtweise auf die Akteur*innen in inklusiven Kindertageseinrichtungen erweitert sich und schließt neben den Kindern auch deren Familien mit ein. Im Sinne des Reggio-Emilia-Ansatzes geht es darum, die Eltern in ihren Bedürfnissen, aber auch in ihren Kompetenzen wahrzunehmen und in die Gestaltung der pädagogischen Praxis einzubeziehen.

„Basiswissen zu unterschiedlichen Beeinträchtigungen an Studientagen"
Diese gewählte Aussage der Kleingruppe bringt zum Ausdruck, dass ein Bedarf nach mehr Wissen zu unterschiedlichen Beeinträchtigungen besteht. Da inklusiv arbeitende Kindertageseinrichtungen sich immer wieder auf unterschiedliche Formen von Beeinträchtigungen einstellen müssen, ist eine prozesshafte Erweiterung des Fachwissens für Inklusion der Pädagog*innen anzustreben. Hierfür sind durch die Einrichtungsleitung Möglichkeiten der Weiterbildung zu organisieren.

„Wissen über Richtlinien, Ansprechpartner und Gesetzestexte"
Die Teilnehmer*innen betonen die Notwendigkeit, rechtliche Grundlagen und Verordnungen kennenzulernen, die die Umsetzung einer inklusiven Frühpädagogik rahmen. Unsere Erfahrungen zeigen, dass die rechtlichen Grundlagen für Inklusion vielen Pädagog*innen in Kindertageseinrichtungen nicht hinreichend bekannt sind. Nicht selten führt das zu Befürchtungen. Wichtig ist hier zu klären, wo die Pädagog*innen Antworten auf rechtliche Fragen finden können.

„Zeit für Vor- und Nachbereitung sowie für Dokumentation"
Dieser Wunsch verdeutlicht den Bedarf der Pädagog*innen an zeitlichen Ressourcen für eine qualitativ hochwertige pädagogische Praxis. Im Sinne des Reggio-Emilia-Ansatzes bilden die Dokumentation und Reflexion kindlicher Bildungsprozesse die Grundlage für das professionelle Handeln der Pädagog*innen. Häufig sehen die Rahmenbedingungen allerdings nur geringfügige Zeiträume für die Vor- und Nachbereitung und knappe personelle Ressourcen vor, die eine kontinuierliche Dokumentation im Alltag der Kindertageseinrichtung erschweren.

„Transparenz und Kommunikation"
Die Kleingruppe bringt mit diesen Schlagworten den Wunsch nach mehr Aus-

tausch zum Ausdruck, und zwar zwischen den Pädagog*innen, zwischen Eltern und zwischen Eltern und Pädagog*innen. Beispielhaft nennen die Teilnehmer*innen das Erfragen von Fähigkeiten der Eltern, den regelmäßigen Austausch der Pädagog*innen über ihre Beobachtungen und die Weitergabe von Informationen der Pädagog*innen an die Eltern.

„Gleiches Recht für alle“
Eine Kleingruppe fasst unter diesem Anspruch unter anderem das Ziel zusammen, pädagogische Angebote zukünftig sämtlichen Kindern zugänglich zu machen. So beispielsweise Angebote wie Psychomotorik und Reiten, die bislang nur Kindern mit besonderem Förderbedarf offenstanden.

„Den Kindern etwas zutrauen – und sich selbst auch“
Hinter dieser Formulierung steckt das Ziel, Reglementierungen innerhalb der Kindertageseinrichtung zu überdenken, um mehr Partizipationsspielräume für Kinder zu schaffen. Das setzt voraus, vorhandene Kompetenzen von Kindern wahrzunehmen und im Alltag der Kindertageseinrichtung zu berücksichtigen. Gleichzeitig geht es der Kleingruppe darum, auch die eigenen Kompetenzen als Pädagog*innen, Eltern und nichtpädagogische Mitarbeiter*innen wahrzunehmen und in den gemeinsamen Bildungsprozess einzubringen.

„Vielfalt zum Blühen bringen“
Die Teilnehmer*innen der Kleingruppe sehen in dem Leitsatz „Vielfalt zum Blühen bringen“ eine Werteorientierung für die Kindertageseinrichtung. Sie wählten ihn als Ziel für ihr zukünftiges professionelles Handeln.

„Chancengleichheit“
Das Schlagwort bildet einen zentralen Aspekt inklusiver Bildung ab. Er beinhaltet im Sinne einer inklusiven Frühpädagogik die Sichtweise, dass Kinder und Eltern über unterschiedliche Voraussetzungen verfügen, Bildungsangebote wahrzunehmen. Es ist die Aufgabe der Pädagog*innen, Angebote in der Kindertageseinrichtung so zu gestalten, dass sämtliche Kinder und Eltern davon profitieren.

Bezogen auf den vierten Qualifizierungstag kann zusammenfassend Folgendes festgehalten werden:

Es sind Ideen bei sämtlichen Teilnehmer*innen bezogen auf die inklusive Weiterentwicklung ihrer Einrichtung vorhanden. Erst der Qualifizierungstag macht diese Ideen sichtbar und ermöglicht, dass die verschiedenen teilnehmenden Gruppen sie wahrnehmen können. Der konkrete Bedarf an Unterstützung der Mitarbeiter*innen wird sämtlichen Teilnehmer*innen deutlich: beispielsweise die Notwendigkeit, über rechtliches Fachwissen für Inklusion zu verfügen und gleichzeitig Lernwege kennenzulernen, über die sie rechtliches Fachwissen erwerben können.

2.4.5 Literatur

Gewerkschaft Erziehung und Wissenschaft (GEW) (Hrsg.) (2015): Index für Inklusion in Kindertageseinrichtungen. Gemeinsam leben, spielen und lernen. Frankfurt am Main: GEW.

Knauf, Tassilo (2013): Material. In: Lingenauber, Sabine (Hrsg.): Handlexikon der Reggio-Pädagogik. Bochum/Freiburg (5. erweiterte und überarbeitete Auflage): projektverlag, S. 97–101

Lingenauber, Sabine (2018): Die Verteidigung der Kindheit. Die Geschichte des Reggio-Emilia-Ansatzes. In: Klein & Groß – Zeitschrift für Frühpädagogik, Jg. 71, Nr. 4, S. 54–55

Lingenauber, Sabine/Niebelschütz, Janina L. von (2015): Inklusion im Kindergarten. Einblicke in ein erfolgreiches Konzept. (DVD) Weimar: verlag das netz

Lingenauber, Sabine/Vogel, Manuela (2013): Didaktik der Raumgestaltung – eine pädagogische Aufgabe. In: Neuss, Norbert (Hrsg.): Grundwissen Didaktik für Krippe und Kindergarten (Reihe: Ausbildung und Studium). Berlin: Cornelsen Scriptor, S. 71–83

Reggio Children (Hrsg.) (2005): Remida Day. Reggio Emilia: Reggio Children

Schnurr, Katrin Isabell (2018): Die ästhetische Dimension im Reggio Emilia Ansatz. In: Frühkindliche inklusive Bildung, Band 6, hrsg. v. Sabine Lingenauber. Bochum/Freiburg: projektverlag

van Diecken, Christel/van Diecken, Julian (2013): Ganz nah dabei - Raumgestaltung in Kitas für 0- bis 3-Jährige. Arbeitsmaterial für Teamfortbildung, Ausbildung und Elternabend. (DVD) Berlin: Cornelsen Scriptor

Schlusswort und Danksagung

Wir hoffen, dass wir den Leser*innen eine Vielzahl an Anregungen mit auf den Weg geben konnten, wie eine inklusionsorientierte Frühpädagogik in der Praxis umgesetzt werden kann. Die Leitidee der frühpädagogischen Inklusion im Sinne des Reggio-Emilia-Ansatzes verfolgt das Ziel, sämtliche Kinder, Fachkräfte, Eltern und Kooperationspartner*innen am Bildungsalltag einer Kindertageseinrichtung zu beteiligen. Unser Ziel war es zu verdeutlichen, dass Inklusion nicht nur ein inhaltliches Thema ist, sondern auch ganz spezifischer didaktischer Methoden bedarf. Partizipation ist im Rahmen der Arbeit von Kindertageseinrichtungen keine Selbstverständlichkeit. Sie muss durch professionelles Handeln ermöglicht und unterstützt werden.

Unser vorgestelltes Qualifizierungskonzept ist sicherlich anspruchsvoll. Es lässt sich nicht nebenbei, über Nacht oder durch einzelne Personen in einer Kindertageseinrichtung umsetzen. Es erfordert vielmehr die Bereitschaft und die Motivation aller zu Beteiligenden, sich gemeinsam auf den Weg zu machen und das Thema Inklusion längerfristig und kontinuierlich zu bearbeiten.

Für den Prozess der inklusiven Weiterentwicklung frühpädagogischer Regeleinrichtungen haben wir ein Qualifizierungskonzept entwickelt, dass Teams, Eltern und Trägervertreter*innen dabei unterstützen soll, ihre Haltung, die Rahmenbedingungen und ihre tagtägliche Arbeit inklusiv auszurichten. Dies wäre nicht möglich gewesen, wenn wir unsere Ideen und Konzepte während der Entwicklung nicht hätten ausprobieren können.

Wir möchten deshalb den beiden Kindertageseinrichtungen „Familienzentrum Springmäuse“ und „Kita Am Herzogtore“, die unser Konzept mit uns über zwei Jahre erprobt haben, ganz herzlich für die Zusammenarbeit danken. Wir haben sehr davon profitiert, dass die pädagogischen Fachkräfte und nichtpädagogischen Mitarbeiter*innen sowie die Eltern und Trägervetreter*innen uns an ihren Erfahrungen teilhaben ließen. Dadurch sind vielfältige Wahrnehmungen und Eindrücke ans Licht gekommen, die in diese Publikation eingeflossen sind.

Danken möchten wir auch den Studentinnen des B.A.-Studiengangs „Frühkindliche inklusive Bildung“ der Hochschule Fulda, die die Qualifizierungstage während der Erprobung aus ihrer Perspektive begleiteten und uns wertvolle Rückmeldungen gaben: Anna Berndl, Verena Büchs, Martina Mahnert und Carmen Traßl. Ihre systematischen Beobachtungen stellten einen wichtigen Teil der prozessbegleitenden Evaluation des Projektes dar.

Der Dank geht auch an den projektverlag für die produktive Zusammenarbeit und die Möglichkeit, dieses Buch mit unserem eigenen Bildmaterial zu bestücken. In diesem Zusammenhang sei auch dem Fotografgen Uli Mayer dafür gedankt, dass er unsere Zusammenarbeit mit der Fachpraxis fotografisch begleitet hat.

Fotoverzeichnis

Cover und S. 8: Recycling-Materialien in der „REMIDA“ (Reggio Emilia), Foto: Janina L. von Niebelschütz

S. 22: Austausch zweier Eltern der Kindertageseinrichtung „Kita am Herzogtore“ (Wolfenbüttel), Foto: Uli Mayer

S. 23: Kinderkrippe „Rodari“ in Poviglio (Reggio Emilia), Foto: Janina L. von Niebelschütz

S. 31: Dokumentation im „Kompetenztagebuch“ (Fulda), Foto: Uli Mayer

S. 44: Recycling-Materialien in der „REMIDA“ (Reggio Emilia), Foto: Janina L. von Niebelschütz

S. 48: Gemeinsame Filmbetrachtung in der Kindertageseinrichtung „Kita am Herzogtore“ (Wolfenbüttel), Foto: Uli Mayer

S. 51: Kleingruppenaustausch in der Kindertageseinrichtung „Kita am Herzogtore“ (Wolfenbüttel), Foto: Uli Mayer

S. 53: Recycling-Materialien in der „REMIDA“ (Reggio Emilia), Foto: Janina L. von Niebelschütz

S. 58: Beobachtungsübung in der Kindertageseinrichtung „Kita am Herzogtore“ (Wolfenbüttel), Foto: Uli Mayer

S. 70: Kleingruppenaustausch in der Kindertageseinrichtung „Kita am Herzogtore“ (Wolfenbüttel), Foto: Uli Mayer

S. 74: Tonfigur im „Internationalen Zentrum Loris Malaguzzi“ (Reggio Emilia), Foto: Alexandra Aparicio

S. 84: Austausch im Plenum in der Kindertageseinrichtung „Familienzentrum Springmäuse“ (Unna), Foto: Carmen Traßl

S. 93: Kindertageseinrichtung „Acrobaleno“ in Guastalla (Reggio Emilia), Foto: Simone Aprile

S. 94: Recycling-Materialien in der „REMIDA“ (Reggio Emilia), Foto: Janina L. von Niebelschütz

S. 98: Kindertageseinrichtung „Acrobaleno“ in Guastalla (Reggio Emilia), Foto: Simone Aprile

S. 102: Materialien im „Internationalen Zentrum Loris Malaguzzi“ (Reggio Emilia), Foto: Janina L. von Niebelschütz

S. 106: Austausch in der Kindertageseinrichtung „Kita am Herzogtore“ (Wolfenbüttel), Foto: Janina L. von Niebelschütz

Sabine Lingenauber
Einführung in die Reggio-Pädagogik
Kinder, Erzieherinnen und Eltern als konstitutives Sozialaggregat
6. Aufl.; 106 Seiten
ISBN 978-3-89733-191-4

Sabine Lingenauber
Die Frauen und die Schulen von Reggio Emilia
Teil 1
dvd video (Laufzeit: ca. 42 Minuten)
ISBN 978-3-89733-529-5

Sabine Lingenauber
Die Frauen und die Schulen von Reggio Emilia
Teil 2
dvd video (Laufzeit: 42 Minuten)
ISBN 978-3-89733-442-7

Sabine Lingenauber/Janina L. von Niebelschütz
Das Übergangsbuch
Kinder, Eltern und Pädagoginnen dokumentieren den Übergang von der Kindertageseinrichtung in die Schule
2., erweiterte Auflage, 76 Seiten (DIN A4)
ISBN 978-3-89733-351-2

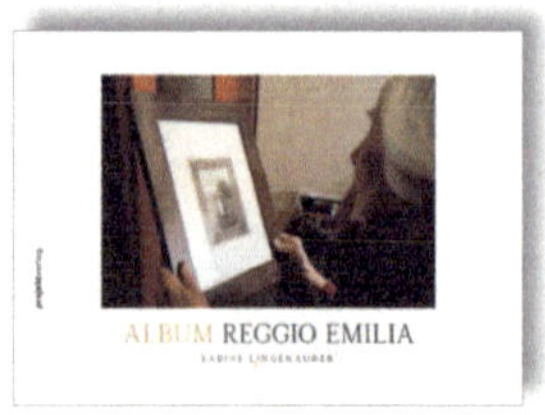

Sabine Lingenauber
Album Reggio Emilia
Text in Deutsch, Italienisch und Englisch
131 Seiten, mit 115 Farbfotografien von Simone Aprile
ISBN 978-3-89733-441-0